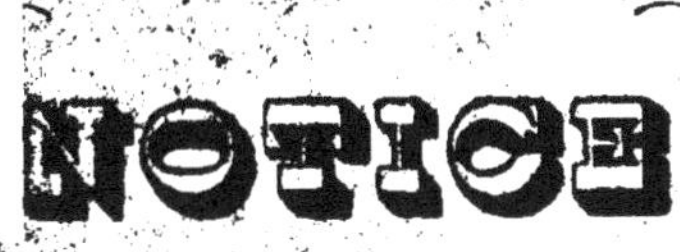
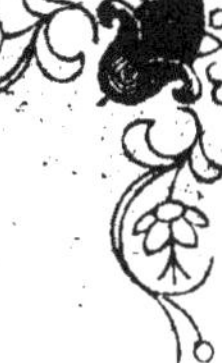

NOTICE

DES

OUVRAGES DE PEINTURE

Sculpture, Antiquités et Ornementation,

EXPOSÉS AVEC LE CONCOURS DE LA SOCIÉTÉ ACADÉMIQUE,

PAR LA SOCIÉTÉ

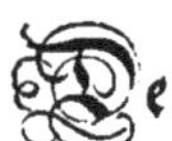

Des Beaux-Arts,

RUE DU CALVAIRE.

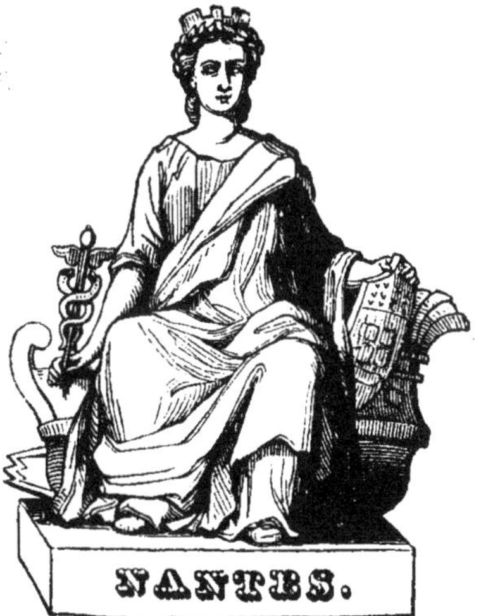

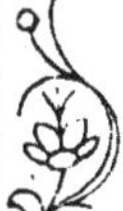

PRIX : UN FRANC.

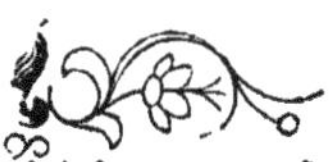
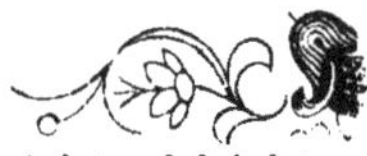

NOTICE

DES OUVRAGES

DE PEINTURE

SCULPTURE

ANTIQUITÉS ET ORNEMENTATION

EXPOSÉS

Avec le concours de la Société Académique

PAR

LA SOCIÉTÉ DES BEAUX-ARTS

Hôtel de la Société, rue du Calvaire

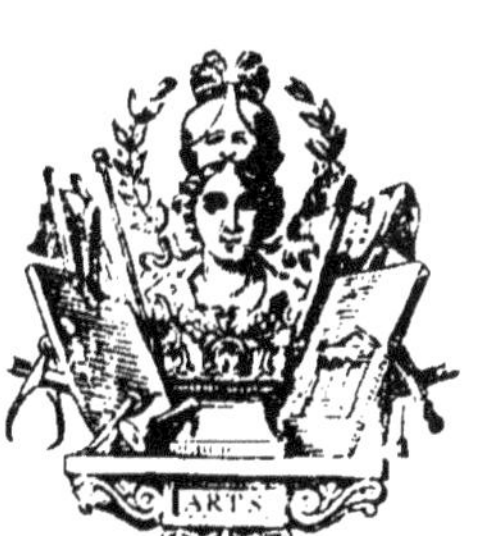

NANTES.

IMPRIMERIE DU COMMERCE,

V. MANGIN ET W. BUSSEUIL.

Août 1845.

AVIS.

Pour mettre à couvert la responsabilité morale de la Société, MM. les commissaires doivent déclarer qu'ils ne se portent pas garants de l'authenticité des déclarations faites par les exposants.

La Société des Beaux-Arts, en préparant une exposition artistique et scientifique, de concert avec la Société Académique de Nantes, pour la réception du Congrès scientifique de France (*), ne s'attendait pas à la faveur dont elle a été honorée par la présence de LL. AA. RR. le duc et la duchesse de Nemours. Cet encouragement est la plus digne récompense de ses efforts et de ses soins.

Les personnes bienveillantes, qui ont concouru à former l'ensemble remarquable exposé maintenant aux yeux du public, verront, par les dispositions prises par la Société, combien elle tient à faire valoir les objets d'arts, d'antiquités que l'on a bien voulu lui confier. Cette exposition, en donnant un plus grand prix aux objets mêmes qui en font partie, est la preuve la plus évidente que Nantes marche dans une voie de progrès bien marqués, et que, bien qu'occupée des intérêts commerciaux les plus graves, notre ville ne s'en livre pas moins avec succès à la culture des arts et des sciences.

(*) Qui doit venir terminer sa session d'Angers à Nantes, du 10 au 14.

ADMINISTRATION

DE LA SOCIÉTÉ DES BEAUX-ARTS

Pour 1843.

MM. Ad. François, président.

P. Cuissart, secrétaire.

Le Roux, trésorier.

Pradal, bibliothécaire.

De Rezé, commissaire de musique vocale.

Boucher de la Villejossy, commissaire de musique instrumentale.

Jules Baugé, commissaire de la section de peinture.

C. Leroux, *idem.*

Nau, commissaire de la division d'archéologie.

Turpin, commissaire-adjoint de peinture.

Merot du Barré, commissaire-adjoint de la section de musique.

Boisteaux, trésorier-adjoint.

Marion, commissaire-adjoint de musique.

Commissaires délégués pour l'exposition.

Desvaux.

Bedert.

Leborgne.

C. Moriceau.

E. Chérot.

A. Chérot.

Guenier.

Deschamps.

Bacqua.

Caillaud aîné.

Caillaud jeune.

H. Pelloutier.

Coiquaud, architecte.

Douillard jeune, *idem.*

Chenantais, *idem.*

Seheult, *idem.*

Peccot, bibliothécaire.

J. Fruchard.

Baudoux.

Poirier.

RÈGLEMENT

INTÉRIEUR

DE L'EXPOSITION.

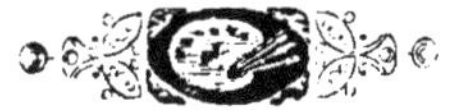

ARTICLE PREMIER.

La durée de l'Exposition est d'un mois, à dater du jour de l'ouverture (17 août 1843).

ART. 2.

Les salons de l'Exposition seront ouverts au public, les mardi, mercredi, jeudi, vendredi, samedi de chaque semaine, de 1 heure à 4 heures.

ART. 3.

Le lundi sera employé au nettoiement des salles.

ART. 4.

Le dimanche est réservé aux sociétaires et aux personnes présentées par eux aux membres de la Société Académique et aux exposans.

M. BAUDOUX.

23. Le couronnement de la Vierge (Van Balen).
24. Saint-François recevant l'enfant Jésus, attribué au Dominiquin.
25. Allégorie sur l'établissement des impôts.

« La fierté de Louis XIV, suivant les expressions de Mme Daru, eut à lutter contre l'esprit d'indépendance qui distingue toujours les Bretons. L'impôt de tabac et l'établissement du droit de timbre occasionèrent une sédition générale, dont les premières étincelles éclatèrent à Nantes. »

26. Repos d'animaux (Henri Roos).

M. BEDERT.

27. Adam et Ève.
28. Portrait de femme âgée.
29. Sirynx (Watteau).
30. Paysage, rochers (Salvator Rosa).
31. Marine, soleil couchant.
32. Portrait de femme.
33. La Vierge et l'enfant Jésus (Cantarini da Pesaro).
34. Tête de Vénus (Paul Veronèse).
35. Tête de Saint-Paul, école espagnole.
36. Ferme d'Italie (Carrache).
37. Paysage (Both, d'Italie).

M. BOSSET.

38. Reddition d'une ville (Snayers).
39. Portrait de femme, école allemande
40. Portrait de femme, école allemande.
41. Grand paysage (Salvator Rosa).
42. Allégorie (Primatice).
43. Paysage.
44. Saint-François (Zurbaran).
45. Portrait d'homme.

46. Portrait de Lucrèce Borgia.
47. Le Christ avec les Saintes Femmes.
48. Portrait de jeune homme.
49. Grand paysage.
50. Une Magdeleine, école de Léonard de Vinci.
51. Portrait de la Bianca (Bronzino).
52. Vieillard et jeune homme, d'après Raphaël.
53. Portrait de femme, école allemande.
54. Portrait d'homme, école allemande.
55. Le Christ (Léonard de Vinci).
56. Sainte-Catherine, d'après Raphaël.
57. Portrait d'homme.
58. Vierge, Sainte-Catherine et l'enfant Jésus.
59. Portrait de femme.
60. Fête flamande (Breughel-le-Vieux).
61. Sommeil de l'enfant Jésus.
62. Paysage (Berghem).
63. Portrait de la duchesse de Guise.
64. Deux vues de perspective, par Viviani.
65. Portrait de Jansenius.
66. Portrait de Boëte, par lui-même.
67. Tête de Christ (Titien).
68. Portrait de femme, école allemande.
69. Scène flamande.
70. Un Christ sur bois.
71. Paysage, figures de Teniers.
72. Portrait d'homme, croquis sur bois (Rubens).
73. Vierge et l'enfant Jésus (Francia).
74. Paysage, chasse au cerf (Ruysdael).
75. Paysage (Lantara).
76. Une nymphe (Rubens).
77. Portrait d'homme.
78. *Idem.*
79. Tête d'enfant, école espagnole.

80. Vierge, attribuée à Léonard de Vinci.
81. Deux scènes flamandes, école flamande.
82. Un petit paysage flamand (Teniers).
83. Vierge et enfant Jésus, école de Raphaël.
84. Tête de femme (Léonard de Vinci).

M. CAILLAUD DELAVERGE

85. Jesus chez Marthe et Marie.

Mme CHEVALIER.

86. Tableaux chinois.
87. *Idem.*
88. *Idem.*
89. *Idem.*

M. P. CIRET.

90. Grand paysage (Hobema).
91. Paysage (Omeganck).
92. Joueurs de boule (Teniers).
93. Paysage (Demarne).
94. Paysage avec animaux, attribué à Van del Velde.
95. Halte de cavaliers, signée Van der Meulen.

M. DESDODIÈRES.

96. Apothéose de Saint-Bruno, attribué à Le Sueur.
97. Saint-Bruno lisant ses statuts, attribué au même.

M. CRUCY (Mathurin).

98. Paysage, effet de neige (Teniers).
99. Une attaque de convoi, gouache (Perdignan).

M. DESVAUX.

100. Saint-Augustin, sur cuivre.
101. Esquisse, école hollandaise.

M. DOBRÉE.

102 Tableau gothique.

M. DUBOCHET

103. Un grand portrait, école flamande

104. Etude du Guide, tête de Vierge.
105. Paysage, école vénitienne.
106. Mariage de Sainte-Catherine (Elisabeth Seroni).

M. DUCARREY.

107. Le Christ et les Saintes Femmes, sur cuivre.

M. DUMOUILLÉ JEUNE.

108. La Force protége l'Innocence (Georgion).
109. Martyre de Sainte-Agathe (Biliverti).
110. Portrait de femme (Albert Cuyp).
111. Un tableau nacre et peinture à l'huile.

M. FRANÇOIS (ADOLPHE)

112. Paysage flamand.
113. Intérieur flamand (Van Helmont).
114. Tête de vieillard, sur cuivre.
115. Repos de la Sainte Famille.

M. GAMA.

116. Portrait de femme (Razetta).
117. Grand paysage avec cavaliers.
118. Grand paysage.
119. Paysage, vue du Rhin.
120. Petit paysage, ruines (Breemberg).
121. Mendiant.

M. J. GAULOIS.

122. Tableau de genre (Cotibert).
123. Tableau de genre (le même).

M. GROOTAERS.

124. Tête de Van Dick.
125. Marine, retour de pêche.
126. Un usurier (Craesbeck).
127. Une tête (Craesbeck).
128. Adoration sur cuivre, école allemande.
129. Annonciation, peinture sur marbre.
130. Nature morte (David Heim).

131. Marine hollandaise.
132. Paysage, école d'Italie.

M. HOUDET.

133. Le duc de Malborough et sa femme, par Lesbes, peintre anglais.
134. Bacchanale, gouache de Carême.
135. Paysage (Both, d'Italie).
136. Tête de vieillard, école d'Italie.
137. Sainte Famille d'après Raphaël (Jules Romain).
138. Paysage, esquisse de Salvator Rosa.
139. Paysage (Huysmans, de Malines).
140. Paysage (Taunay).
141. Joseph et ses frères (Taunay).
142. Portrait de la femme de Paul Potter (Molnaer).
143. Intérieur, de Van Ostade.
144. Portrait du Bronzino (Attory).
145. Paysage (Breughel).
146. Sainte Famille.
147. Nature morte (Sybille Merian).
148. La Samaritaine attribuée au Dominiquin.
149. Une cuisinière.
150. Tableau de genre (Watteau).
151. Portrait de la femme de Louis XV (Wanloo).
152. Nature morte (Guillaume de Heim).
153. Paysage (Ruysdael).
154. Marine (Van Velde).
155. Le Christ au tombeau (Van Dick).
156. Une marine (Backuysen).
157. Flore (Chescherel).
158. Bacchus et Ariane (Le Titien).

M. HYRVOIX.

159. Un tableau, nature morte (J.-B. Huet).

M. LELIEVRE.

160. Tête de Christ attribuée à Carle Dolci.

161. Un intérieur d'église (Piter Neef).
162. Un paysage attribué à Teniers.
163. Deux gouaches attribuées à Boucher.

M. LEMONNIER.

164. Cléopâtre.
165. Paysage.

M. LEABON.

166. Le Christ couronné, sur cuivre.

M. PELLOUTIER AINÉ.

167. Le Massacre des Innocents.
168. Jeunes enfants, deux pendants.

M. PRADAL.

169. Paysage (Bruandet).
170. Martyr.
171. Paysage, genre de Berghem.
172. Paysage (Huysmans, de Malines).
173. Paysage (d'Omeganck).

M. SEHEULT.

174. Vue de Venise (Canaletto).
175. Vue de Venise (Canaletto).
176. Paysage, ruines d'Italie (Bemmel).
177. Intérieur (Van den Bolck).
178. Paysans mendiants (Van Laar dit Bamboche)

M. TOCHÉ JEUNE (HENRI).

179. Paysage (Bruandet.
180. Paysage, soleil couchant (Roehn).

M. TRANSON.

181. Vue d'intérieur (Van Ostade).
182. Vue d'intérieur (Van Ostade).
183. Paysage (Annibal Carrache).
184. Paysage (Annibal Carrache).
185. Portrait de Marie Stuart.
186. Le passage du Rhin, dessin à la plume

M. TROTREAU, *architecte.*

187. Scène de Carnaval à Venise (Van Laar dit Bamboche).
188. Bataille (Van der Meulen).
189. Bataille, par le même.
190. Tête d'homme, école espagnole.

VERGER (CONSTANT.)

191. Paysage (Demarne).
192. Saint-Pierre-aux-Liens, esquisse, école de Murillo.
193. Petite marine (Backuysen).
194. Paysage attribué à Teniers.
195. Marine attribuée à Joseph Vernet.
196. Paysage (Duval).
197. Tableau de genre (Netcher).
198. Esquisse de Sébastien Gourdon
199. Paysage, école flamande.

M. VRIGNAUD.

200. Tableaux chinois.
201. *Idem.*
202. *Idem.*
203. *Idem.*

SCULPTURE

ET GRANDES MOSAIQUES.

M. BOSSET.

204. Une statue de la Vierge, en pierre, du XVIe siècle.

205. Trois têtes de sculpture égyptienne, dont une en basalte, une en amphibolite, et l'autre douteuse basalte.

206. Un hippopotame en calcaire, détaché d'un monument gothique.

207. Une tête mutilée en marbre, d'un dignitaire du XVIIe siècle.

208. Couvercle de canople égyptien, en calcaire cristallin.

209. Fragments de chapiteau en pierre de Liais.

210. Un chapiteau entier, d'ordre saxon.

M. SEHEULT.

211. Mosaïque en marbre : un oiseau et une pensée : Italie.

212. Un oiseau tenant un rameau à deux cerises, exécuté en marbre et lapis-lazuli.

M. LELIÈVRE.

213. Paysage remarquable en mosaïque, ouvrage italien.

M. SOUET.

214. Fragment curieux de sculpture grotesque en marbre trouvé dans les fouilles des Couëts.

M. BEDERT.

215. La Sagesse Divine symbolique, à tête d'éléphant : sculpture indienne.

M. LELIÈVRE.

216. Figurines égyptiennes en terre vernie, tirées des nécropoles ou tombeaux d'Égypte.

217. Trois figurines des mêmes lieux.

218. Une divinité indienne en bronze moderne.

M. MARION DE PROCÉ.

219. Un fragment de sculpture indoustanienne, venant de Pondichéry, et avec bois de palmier, ayant peut-être formé la proue d'une barque: morceau curieux de grotesque.

M. SOUET.

220. Groupe chinois en Talc-stéatite.

221. Flagellation sur alabastrite, à cadre de Chene, XVe siècle.

Bas-Reliefs.

M. CAILLAUD AINÉ.

222. Six bas-reliefs en bois, venus de Saragosse, d'un beau travail: XVIIe siècle.

M. PRADAL.

223. Le Christ au tombeau.

M. BEDERT.

224. Bas-relief en terre cuite, par ***.

M. LEABON.

225. Une Sainte Famille: marbre.

M. LELIÈVRE.

226. Christ en croix, bas-relief, XIIIe siècle.

227. Série de bas-reliefs, une passion, XIIIe siecle.

228. Christ en croix, bas-relief, XIe siècle.

M. BOSSET.

229. Christ en bois, Xe siècle, sur alabastrite.

230. Christ en croix, bas-relief en bois, XIVe siecle.

M. GROTAERS.

231. Un bouquet et une guirlande: fin du XVIIIe siecle, époque de David père.

M. BOSSET.

232. Une Sainte Famille et une adoration des bergers, bas-reliefs en bois, attribué à l'art du XVe siècle.

233. Le couronnement d'épines, sur chêne, XVIIe siècle.

234. Bas-relief en bois, sujet mythologique, siècle de Louis XIV.

235. *Idem*, tête de guerrier, attribué à l'école de Michel Columb.

236. *Idem*, tête de femme, attribué au même.

237. Deux panneaux, du siècle de Louis XIV.

238. Devant de bahut, d'église.

239. Christ et les Saintes Femmes : vieil ivoire, 1400.

M. BOSSET.

240. Un bas-relief sur ivoire.

241. Deux têtes sculptées, époque de Michel-Ange.

242. Panneau d'église, XVIe siècle.

243. Devant de bahut, XIVe siècle.

244. *Id.* ronde bosse, Louis XIV.

245. Devant d'autel en bois, époques des saints de Soleysmes.

246. Trois groupes, sujets du Nouveau-Testament.

247. Petit monument égyptien en diorite schitoïde.

M. SARREBOURSE D'AUDEVILLE.

248. Bas-relief en bois, d'un goût remarquable : Saint-Joseph et l'enfant Jésus.

249. La Cène, bas-relief en alabastrite.

M. SOUET.

250. Une flagellation, en alabastrite.

M. BOSSET.

251. Deux bas-reliefs sur cuivre : Saint-Bruno construisant la Chartreuse ; Saint-Bruno mourant.

252. Bas-relief sur ivoire.

M. TRANSON.

253. Deux panneaux encadrés, marqueterie ivoire sur ébène, école d'Italie, vers 1650 : travail ancien.

M. SAINT-AMANDS.

254. Diptyque du XIIIe siècle.

255. *Id.* du XIVe siècle.

M. PALVADEAU.

256. Deux médaillons marbre blanc, d'un beau style, représentant Héloïse et Abeilard.

M. BOSSET.

257. Io changée en vache, avec Jupiter.

M. BEDERT.

258. Bas-relief en médaillon, représentant Galba, sur marbre coloré et regardé comme antique.

M. BOSSET.

259. Bas-relief en médaillon, marbre blanc, portrait couronné de lauriers.

260. *Idem*, portrait de la Vierge-Mère.

261. *Idem*, portrait du Christ couronné d'épines.

Statuettes et Figurines.

M. LELIÈVRE.

262. Un Prométhée sculpté en bois, de 1650.

M. BOSSET.

263. Un Jupiter et une Vénus, (antiques), bronze florentin.

M. BACQUA.

264. Un groupe de la charité : du XVIIe siècle.

M. LELIÈVRE.

265. Deux bronzes : une Vierge et un guerrier antique. — Un bronze sur albâtre.

M. SAINT-AMANDS.

266. Statuette étrusque : morceau curieux.

M. TRANSON.

267. Statuette de femme, attribuée à Bernard Palissy : porcelaine d'essai.

M. GROOTAERS.

268. Vierge en ivoire, attribuée à François Flamand.

M. SARREBOURSE D'AUDEVILLE.

269. Christ flagellé : en olivier sculpté.

M. HYRVOIX.

270. Christ en marbre blanc, d'une exécution remarquable.

M. DUBOCHET.

271. Un christ en croix, détaché.

M. MAGUÉRO, *pharmacien.*

272. Christ en ivoire sur croix d'écaille.

M. LELIÈVRE.

273. Christ en ivoire avec bas-relief en ivoire.

M. BOSSET.

274. Croix en nacre : marqueterie de Jérusalem au XVIIe siècle.

M. SOUET.

275. Petite croix, en marqueterie de Jérusalem.

M. HYRVOIX.

276. Petite croix, en marqueterie de Jérusalem.

M. LEABON.

277. Christ émaillé : genre bysantin : X^e^ ou XIe siècle.

M. SAINT-AMANDS.

278. Christ sur la croix : style bysantin, XIe siècle.

M. FROMENT.

279. Lion en marbre blanc, par Battaglia.

M. BOSSET.

280. La Vierge et l'enfant Jésus, sur bois d'if : école italienne.

M. LELIÈVRE.

281. Statuettes ivoire, manches de couteaux et fourchettes.
282. Un petit mortier, en agate commune.

M. SOUET.

283. Christ en bois de coco : dans un cadre.

SOCIÉTÉ ROYALE ACADÉMIQUE DE NANTES.

284. Une statuette indoustanienne en ivoire, d'un goût assez pur.

M. BOSSET.

285. Une Vierge, l'enfant Jésus et un ange, marbre blanc : ouvrage des premières années du XVIe siècle, école d'Italie, d'un beau style.

M. CAILLAUD AINÉ.

286. Statuette en ébène, style florentin du XVIe siècle ; malheureusement mutilée.

M. TRANSON.

287. Un Saint-Bruno en ivoire, d'une belle pureté d'exécution.

M. SOUET.

288. Petit amour en porcelaine de première cuite, d'une fabrique de Strasbourg, établie en 1780 ou 1785, dont les ouvrages, d'un prix élevé, sont recherchés et tous d'une grande perfection, et qui n'a pu se soutenir.
289. Un petit vendangeur, du même temps et lieu.
290. Petite marchande de fleurs : fayence anglaise de l'introduction de 1782, par suite du traité de la même année.

M. LELIÈVRE.

291. Trois statuettes égyptiennes en bronze, avec platine.

M. TRANSON.

292. Statuette en bronze moderne : style égyptien.

M. CAILLAUD AINÉ.

293. Statuette, gladiateur, école d'Italie, genre antique, bronze florentin.

M. TRANSON.

294. Deux bas-reliefs en alabastrite, du XIVe siècle.

295. Scène du déluge : curieuse ciselure de Benvenuto Cellini.

M. DE MONTLUC.

296. Six statuettes modelées en cire au Mexique, costumes passés à la cire : un Naturel du Mexique.

297. Indien de Milpa, avec son pacho.

298. Une dame créole, avec sa mantille.

299. Une femme du peuple, du Mexique.

300. Multetier à pied.

306. Chartier.

307. Quatre statuettes mexicaines, costumes populaires, enduites de cire : Indiennes et Indiens, marchands de fruits et de légumes.

Meubles Antiques.

M. LELIÈVRE.

308. Armoire : art vers 1500.

309. *Id.* *Id.*

M. CHENANTAIS.

310. Une armoire, fin du XVIIe siècle.

M. BLONDEL.

311. Une armoire, vers 1550.

M. DELABROSSE.

312. Armoire avec couronnement moderne, époque de Jean Goujon.

M. LEABON.

313. Meuble garni en écaille : Régence et remarquable.

M. BOSSET.

314. Une armoire époque Jean Goujon, ou Renaissance.

315. *Id.* époque des Valois.

M. LELIÈVRE.

316. Meuble et marqueterie, époque de Louis XV.

317. Meuble en écaille et cuivre, époque de Louis XIII.

M. LEABON.

318. Une armoire, époque Jean Goujon.

319. Une armoire, commencement du XVIIe siècle, de deux mains différentes.

M. CHAGNIAU.

320. Armoire, fin du XVIIe siècle.

M. TRANSON.

321. Petite bibliothèque ou armoire Boule.

Bahuts.

M. BOSSET.

322. Bahut, premier essai de la Renaissance.

323. *Id.* XVe siècle.

324. *Id.* fin de Louis XIV.

325. *Id.* *Id.*

326. Bahut, fin de Louis XIV.

327. *Id.* commencement du XIVe siècle

328. *Id.* fin du XVIe siècle.

Fragments de Bahuts.

M. BOSSET.

330. Fragment de bahut, 1re moitié du XVIe siècle.
331. Panneau sculpté, époque de Louis XI.
332. Devant de bahut, 1650.
333. *Id.* du XIVe siècle.
334. *Id.* du XIIIe siècle.
335. *Id.* du XVe siècle.
336. *Id.* du XVIIe siècle.
337. *Id.* époque indéterminée.

Coffrets.

M. BEDERT.

338. Un coffret en écaille, garniture argent et cuivre.

M. BOSSET.

339. Dessus de buffet, commencement du règne de Louis XIV.
340. Coffrets *Id.*
341. *Id.* en nacre et ivoire, Louis XIV, commencement.
342. *Id.* en nacre et ivoire, avec incrustation, de Niel, beau travail.
343. Coffret en ivoire et ébène, époque des Valois.
344. *Id.* en ébène, première partie du XVIIe siècle.

Petits Coffrets et Cassettes.

M. LEABON.

345. Coupe, en garniture cuivre ciselé.

M. TOCHÉ (Henri).

346. Coffret garni en argent émaillé et couvert de papier, armoiries du XVIe siècle; ayant appartenu à des princes anglais.

M. LELIÈVRE.

347. Cassette en fer, d'un travail recherché.

M. MONET.

348. Une boite en cuivre ciselé, par Loyer, 1782.

M. BOSSET.

349. Un très-petit coffret en fer guilloché.

M. LELIÈVRE.

350. Un coffret couvert en argent, du moyen-âge.

M. BEDERT.

351. Une boite à jeu en laque de Chine, à fermeture remarquable.

M. TOCHÉ (Henri).

352. Beau coffret en lacque.

M. PENANNECH.

353. Un coffret en laque chinoise.

M. TOCHÉ (Henri).

354. Deux boites de l'Inde, vernies.

M. BOSSET.

455. Riche table, Renaissance.

356. Table en noyer et chêne, style de la Renaissance.

357. *Id.* en chêne et noyer, siècle de Louis XIV.

358. Table-console en noyer, siècle Louis XIII.
359. Table en chêne, siècle de Louis XIV.
360. Console, fin du siècle de Louis XIV.

M. BLONDÉL.

361. Console dorée, époque de Louis XV.
362. *Id.* époque de Louis XVI.
363. *Id.* pieds dorés, époque de Louis XV.

M. MARION DE PROCÉ.

364. Petite table à colonnes torses, du milieu du XVIIe siècle.

M. BEDERT.

365. Une table à jeu en lacque de Chine.

M. CAILLIAUD AINÉ.

366. Table du cabinet de l'Empereur, bronze de Janet et granit de Corse (syénite noirâtre), travail rare pour le bronze.

Chaises et Fauteuils.

M. DE LA BROSSE.

367. Deux chaises sculptées et tissées en latanier, du siècle de Louis XVI.

M. FOULON, *docteur-médecin*.

368. Chaises du genre précédent, sculptées et à tissu de latanier, du siècle de Louis XVI.

M. JALABERT, *capitaine au long-cours*.

369. Deux fauteuils.

M. GANACHAUD.

370. Deux fauteuils.

Glaces et Miroirs.

M. GANACHAUD.

371 Glace moderne dans un cadre vénitien.

372. Glace dans un cadre sculpté : style Louis XV.

373 Grande glace : de la Régence.

M. TRANSON.

374 Bénitier bois doré : style Louis XV.

M. ESMEIN.

374 *bis*. Une petite glace à bordure ciselée.

375 Une petite glace à bordure d'écaille rouge, à marges d'ébène.

M. GUÉNIER, *docteur-médecin*

376 Un miroir japonais ciselé au revers, renfermé dans une boite de laque.

Feux.

M. LELIÈVRE.

377. Deux paires de feux dorés.

M. TOCHÉ (Henri).

378 Deux écrans chinois.

Pendules.

M. LELIÈVRE.

379. Calvaire supporté par une pendule; le tout doré, paraissant un ouvrage du XVe siècle.

M. PENANNECH.

380. Pendule en lacque : industrie chinoise, de commande européenne.

M. MARION DE PROCÉ.

381. Pendule de Boule, plus ornementée de sculpture en cuivre que les ouvrages ordinaires du même temps.

M. BÉGAUD-SOYER.

382. Une très-belle pendule du genre Boule, mais sur la fin de l'art de ce genre d'ornementation.

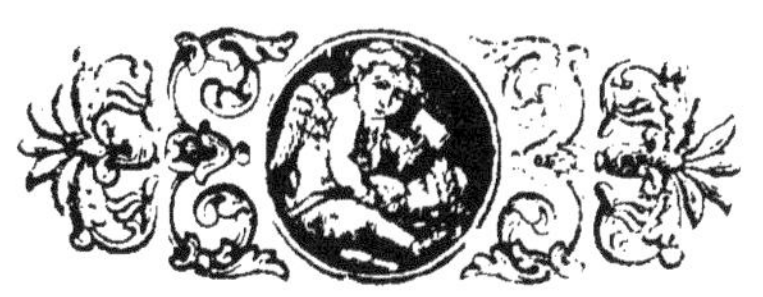

ARMES ET ARMURES.

Armes de Défense. — Casques.

SOCIÉTÉ DES ARTS.

883. Casque d'Arthur, duc de Bretagne, ayant été doré.

M. LAFONT.

884. Salade ou armure de tête d'un simple homme d'armes du XVIe siècle.

M. CAILLIAUD AINÉ.

885. Une salade ou harnais du XVIe siècle.

886. Un casque formé d'une seule visière en masque, objet assez rare.

M. BOSSET.

887. Deux casques : le premier, casque d'homme d'armes ; le second, de chevalier, casque avec visière cloisonnée.

Cotte de Maille et Cuirasses.

M. LEABON.

888. Cotte de maille, XVe siècle.

M. LAFONT.

889. Deux cuirasses ciselées, du XVIe siècle, dont une porte une marque de chevrotine.

890. Une cuirasse simple du XVIe siècle.

M. LEABON.

891. Deux genouillères du XVIe siècle.

Eperons.

M. LELIÈVRE.

392. Un éperon à pointe unique, avec sa garniture, du XVe siècle.

M. LAFONT.

393. Eperons bien façonnés, mais seulement du XVIIIe siècle.

Armes d'attaques. — Haches antiques.

M. BEDERT.

394. Pierre axienne, en diorite; ou hache celtique, d'un petit volume.

M. GROSSELIÈRE.

395. Pierre axienne, en diorite schistoïde, ou hache gauloise d'une grande et rare dimension.

SOCIÉTÉ ACADÉMIQUE DE NANTES.

396. Haches gauloises en bronze, de la seconde époque; trouvées dans les environs de Saumur, au nombre de plusieurs centaines.

PRÉFECTURE DE NANTES.

397. Hache gauloise en bronze, de la troisième époque.

398. Deux haches très-antiques, trouvées dans des fouilles, mais dont les formes se rattachent aux formes actuelles.

Haches Moyen-Age.

M. LELIÈVRE.

499. Un hast ciselé, paraissant du XIIIe siècle.

PRÉFECTURE DE NANTES.

500. Deux armures de flèche, XVe siècle. — Lance du Xe siècle trouvées dans les marais de l'Erdre et décomposée en partie en passant au fer phosphaté (bleu).

Epées Antiques.

M. TRANSON.

501. Courte épée de bronze, antérieure à l'ère chrétienne; trouvée dans les marais de Donges.

SOCIÉTÉ ACADÉMIQUE DE NANTES.

502. Lame d'épée romaine en bronze, trouvée dans les marais de Montoir.

PRÉFECTURE DE NANTES.

503. Un glaive romain complet, sauf la poignée.

M. TETARD.

504. Un poignard de 1414, trouvé au village de Guénier, commune d'Orvault.

PRÉFECTURE DE NANTES.

505. Deux épées : la première, forme la plus antique, VIIIe ou IXe siècle; la seconde, poignée travaillée, mais du Xe ou XIe siècle. — Epée à poignée fermée, du XIIe ou XIIIe siècle.

Epées Moyen-Age ou Etrangères.

SOCIÉTÉ ACADÉMIQUE DE NANTES.

406. Arme de l'Inde à manche de corne de buffle, fourreau natté en feuille de latanier.

M. BOSSET.

407. Une épée en fer, du XIIe siècle.

M. COLY.

408. Six épées, du XVIe au XVIIe siècle : deux à poignée cuivre et quatre à poignée acier ciselé.

Couteaux de Chasse.

M. SAINT-AMANDS.

409. Couteau de chasse, poignée ivoire, monté en acier ciselé, fourreau chagrin vert, garniture dorée : ouvrage du XVIIe siècle.

Armes Arabes.

M. CAILLIAUD AINÉ.

410. Un yatagan, garniture en or à 23 karats et damasquiné, venant du trésor du dey d'Alger, donné à M. Orrick, par la duchesse de Berry.

Poignards.

M. FARAULT.

411 Petit couteau de chasse de l'époque de François Ier : poignée d'ébène, monture en argent, lame damasquinée or.

M. BOURCARD.

412 Poignard d'argent : travail remarquable.

M. TOCHÉ jeune (Henri).

413 Poignard moresque tout argent, d'un travail remarquable et riche.

Fusils et Pistolets.

M. LAFOND.

414 Trois fusils à rouets, dont une arme d'élite inscrustée de nacre : de vers 1500.

M. LELIÈVRE.

415 Deux fusils à rouets, incrustés de nacre, du XVIe siècle

M. LAFOND.

416. Fusil à vent, forme très-rare.

416 *bis*. Fusil double à canons verticaux.

M. LELIÈVRE.

417 Trois pistolets à rouets, inscrustations de nacre, du XIe siècle : dont un d'une forme toute différente.

M. LAFOND.

418. Deux longs pistolets et un pistolet damasquiné, les trois à rouets.

Pulvérines.

M. LELIÈVRE.

419 Poire à poudre, de la base du cors d'un cerf, sculptée au XVIe siècle: figure, costume de Louis XIII et Louis XIV

M. BOSSET.

420. Pulverine en fer, incrustée d'argent, du commencement du XIIIe siècle.

Dépendances du Cheval et de ses Harnais.

PRÉFECTURE DE NANTES

421. Deux étriers anciens, d'une forme peu remarquable

422. Sept fers à cheval, du XIe au XIVe siècle, trouvés dans les marais de Donges.

Armes Sauvages.

M. MALARD, *inspecteur des douanes, en retraite*

423 Une zagaie armée en fer, arme moderne des indigènes des îles de l'Océanie.

424 Un arc en bois de fer *(Ephedra equisetifolia)* des îles de l'Océanie, avec sept flèches

ORNEMENTATION.

POTERIES EN TERRE ET PORCELAINE.

Poteries.

M. MARION DE PROCÉ.

425. Grande urne vernie brun et jaune, façon commune.

M. SOUET.

426. Vase cylindrique en fayence, pour premier essai de porcelaine en France.

M. LAFOND, *médecin*.

427. Urne en terre vernie et marbrée, avec imitation parfaite. Le couvercle porte une petite figurine. Les deux anses sont supportées par deux têtes de lion; le tout est d'un travail remarquable et provient d'Italie.

M. SOUET.

428. Un vase en fayence bleue dite de Limoges, avec dessins.

429. Pot à bierre en grès, et façon hollandaise; avec son couvercle en étain.

Porcelaines Chinoises et Japonaises.

M. NAU.

430. Cassolette en fayence, fin du XVIIe siècle: industrie française.

M. SOUET.

431. Une gourde de chasseur en fayence, au millésime de 1768.

Le dessin du chasseur est de Sébastien Leclerc, contemporain d'Adam Perelle.

M. BOSSET.

432. Urne bleue montée en cuivre doré, dessin simple et d'un goût distingué.

M. DE REMOND.

433. Grande cuvette fond bleu à dessins blancs; deux cariatides bien dessinées, forme mieux modelée qu'ornementée: fabrique de Limoges.

M. LEABON.

434. Un très-grand plateau de Bernard Palissy, avec serpents, poissons, grenouille, lézards, etc., en relief; morceaux recherchés des curieux.

M. BACQUA.

435 Trois vases dorés de haute dimension, en forme d'urne, riches d'ornements.

M. BLONDEL.

436. Deux urnes de la plus grande dimension, richement ornées, à couvercle à jour.

M. HARMANGE.

437. Urne à base ciselée en cuivre doré, paraissant de manufacture française.

M. BOISTEAUX.

438 Deux très-grandes urnes à couvercle surmonté d'un griffon, paraissant façon japonaise.

M. SOUET.

439. Deux grands vases, porcelaine du Japon, forme antique fond vert céladon, avec dessins bleus, provenant de la vente du maréchal de Richelieu.

M. SUFFISANT.

440. Petite urne oblongue, dessin grâcieux.

441. Deux vases cylindriques, même forme et qualité.

M. NAU.

642 Deux vases, en urne allongée : l'un elliptique, l'autre angulaire, très-chargés de dessins et dorures : forme gracieuse et rare pour le genre.

643. Petite urne, dessin commun.

M. RATHOUIS.

644. Deux vases à eau d'une forme très-élégante, bien qu'à long col, et à décoration simple.

M. SOUET.

645. Un vase à col allongé et aminci.

646 Deux petits bassins porcelaine de Chine, commencement du XVIIIe siècle : garniture cuivre doré, fabrique française.

M. MARION DE PROCÉ

647 Deux riches bassins Sèvres : époque de Louis XV, et aux armes d'un amiral.

M. DESDOSDIÈRES.

648 Un très-beau et très-grand plat d'imitation chinoise, fabrique française.

M. BEDERT.

649 Deux grandes coupes chinoises très-ornementées, d'un goût recherché sans être délicat.

M. SOUET.

650. Tasse et soucoupe du Japon, fond brun

651 Deux petites tasses chinoises très-minces, ornements or et noir, à l'usage spécial des Chinois.

M. RATHOUIS

652 Boîte à thé, porcelaine chinoise commune.

Porcelaines Française et de Saxe.

M. DE RÉMOND.

453. Urne moyenne Sèvres, du commencement du XVIIIe siècle: forme plus grâcieuse qu'ornementée.

M. LELIÈVRE.

454. Petite soucoupe, son plateau et son couvercle: vieux Sèvres d'un goût simple et grâcieux.

M. PENANNECK.

455. Petite soupière vieux Sèvres, avec couvercle, plateau chinois.

456. Un bol avec sa soucoupe, en porcelaine de Saxe, fond blanc avec dessins représentant divers oiseaux.

M. LELIÈVRE.

457. Très-petite soupière Saxe, émail vert, riche dorure, coussonnée de dessins d'oiseaux.

M. SOUET.

458. Un vase et sa soucoupe, porcelaine de Saxe, fond vert avec personnages.

459. Une tasse de Sèvres avec sa soucoupe, à bords dorés peinte en roses et bluets.

460. Un petit pot à pommade garni en argent, fabrique française, de l'époque où le privilége accordé à Sèvres ne permettait pas aux autres fabriques d'employer l'or et de peindre autrement qu'en bleu.

461. Petite cafetière fayence blanche avec son couvercle, ancienne fabrique de Strasbourg.

462. Petite tasse et soucoupe, vieux Sèvres.

463. Une tasse, vieux Sèvres.

464. Une grande tasse, fond blanc: Sèvres ordinaire.

465. Deux tasses porcelaine Saxe, avec paysages et marines

466. Un sucrier : vieux Sèvres, commencement du XVIIIe siècle.

M. CHENANTAIS.

467 Deux petites urnes: Sèvres, milieu du XVIIIe siècle, grande ornementation en cuivre doré.

468. Deux tasses et soucoupes, même genre et époque.

M. RATHOUIS.

469. Une théïère, porcelaine vieux Saxe.

470. Deux tasses et trois soucoupes, de porcelaine vieux Saxe

471. Une théïère, vieux Saxe.

472. Grande tasse et soucoupe, vieux Saxe.

M. FROGIER.

473. Deux urnes d'une belle proportion, à fond verdâtre; riche d'exécution et de dessin : de fabrique chinoise.

Emaux.

M. BÉGAUD-SOYER.

474. Deux carafes à long col de 1730, industrie ayant cherché à imiter la porcelaine du Japon, brut d'exécution industrie anéantie.

M. LELIÈVRE.

475. Plateau en émail d'une grande proportion, pièce rare.

M. RATHOUIS.

476. Petite cuvette : adoration des mages, du milieu du XVIe siècle, et entourée de figures d'apôtres.

477. Deux boîtes à thé : l'une fond blanc à dessins; l'autre à arabesques pressés, de même fabrique.

478. Deux baguiers forme de coupe, regardés comme émaux de Chine.

M. LEABON

479. Une assiette, de Jean Courtois, 1650, représentant une scène d'entrée de récoltes, entourée d'arabesques d'un goût recherché, comme tout ce qui est sorti des mains de cet artiste.

M. LELIÈVRE.

480. Une coupe représentant un jeune Saint-Jean et son agneau

M. TRANSON.

481. Une coupe représentant la Vierge mère.

M. NAU.

482. Un bénitier représentant le Christ (signature G. B.)

M. SOUET.

483. Un Saint-Antoine, école d'Italie, paraissant être de 1450.

M. SAINT-AMANDS.

484. St-Benoit : fabrique des Laudin de Limoges, XVIIIe siècle.

M. LELIÈVRE.

485. Deux émaux allégoriques du XVe siècle; Limoges.
486. Deux anges couronnant un jeune saint : émail de Limoges 1650.
487. Une bourse émaillée, XVIIIe siècle.
488. Le repas du Héron (signature P. R.)
489. L'enfant prodigue (signature N. O. V.)
490. Un christ, de J. Laudin de Limoges : bien peint.
491. Une descente de croix : grossier émail; Limoges.

M. TRANSON.

492. Un christ, fabrique de Jean Limousin, du XVIe siècle

M. SAINT-AMANDS.

493. Tête de Saint-Pierre.
494. Une tête de Vierge.
495. Une tête de Sainte-Barbe.
496. Une tête de Christ.

M. SOUET.

497. Une tête de l'empereur Néron Claudius, encadrée : émail de Limoges.

498. Portrait d'une dame de la cour de Louis XIV : encadré, de Petitot ou son école.

M. BOSSET.

499. Dessus de tabatière en émail : une Diane au repos avec ses nymphes et l'Amour : travail d'un gràcieux remarquable qui doit être du temps de la Régence.

M. LELIÈVRE.

500. Deux ovales appartenant à une bourse : un berger et une bergère ; style négligé, commencement du règne de Louis XV.

501. Une bourse en émail, probablement une femme et son mari, médiocre exécution, sous Louis XV.

502. Dessus de tabatière elliptique : un amour forgeron avec un portrait d'homme au revers.

503. Portrait de femme, même style et auteur que le précédent.

504. Un moutardier avec deux bouquets : commencement du XVIIIe siècle, des fabriques de Manheim.

505. Deux salières : émail bleu, même époque, 1785.

M. CAMILLE DUBOCHET.

506. Deux salières bleues à bouquet, fabrique précedente.

M. LEABON.

507. Une crosse émaillée, trouvée en creusant dans le chœur de l'ancienne église des Jacobins à Dinan, ayant dû appartenir à un abbé mitré ou à un ancien évêque style du XI ou XIIIe siècle.

M. BOURCARD.

508. Une tabatière en or émaillée de bleu, renfermant un petit jeu de carte : ouvrage curieux d'exécution, mais altéré

Miniatures et Objets analogues

M. PLESSIS.

509. Copie du portrait de lord Darnley.

510. Copie du portrait de Rembrandt.

511. Copie du portrait de la sœur de Rembrandt.

512. Copie du portrait de lord Arondell, célèbre pour ses découvertes archéologique en Grèce.

513. Tête d'une madone au pied de la croix, probablement.

M. DE BERTHOU.

514. Un Saint-François priant : peint sur un albâtre oriental onix.

M. SOUET.

515. Portrait de femme en cadre de maroquin : époque de 1780 à 1785.

Mme Ve CHEVALIER.

516. Deux miniatures, représentant des monuments Indous modernes : peints par des peintres indous.

M. BOSSET.

517. Deux nymphes : l'Amour et un Sylvain : miniature sur ivoire, école de Boucher.

M. CAILLIAUD AINÉ.

518. Médaillons : fruits et fleurs, de Sauvage, 1795.

519. Une miniature de Legué : un jeune enfant.

M. BEDERT.

520. Portrait de madame la princesse de Conti.

M. BOSSET.

521. Portrait d'homme peint sur bois : école hollandaise

M. BEDERT.

522. Portrait de femme : école hollandaise, peint sur cuivre.
523. *Id.* d'homme jeune, *Id.*
524. *Id.* Jeune guerrier, XVIIe siècle : école française.
525. *Id.* d'un homme : école hollandaise.
526. *Id.* de femme *Id.*
527. *Id.* d'homme, 1628 *Id.*
528. *Id.* d'un astronome, Galilée? *Id.*
529. *Id.* d'homme *Id.*

M. CAILLIAUD AINÉ.

530. Médaillon en cuivre : figure suave de Vierge, par un peintre espagnol.

M. PLESSIS.

531. Médaillon en cuivre : tête de femme, école hollandaise.
532. Tête de jeune prince.
533. Tête d'homme jeune : école hollandaise.
534. Médaillon en cuivre : tête d'homme.
535. *Id* tête remarquable d'un goût exceptionnel à la série des précédents.

M. THOMAS FILS.

536. Petit portrait en médaillon : paraissant de l'école hollandaise, au millésime de 1619.

Vitraux et Verre colorés.

M. BOSSET.

537. Deux vitraux : du XVe au XVIe siècle.

M. THOMAS FILS.

538. Grand flacon, d'une industrie française ; en verre émaillé : de 1660 à 1690.

Mosaïques à petits grains.

M. PIQUER, *docteur-médecin.*

539. Fragments de mosaïque à compartiments dorés du IV au Ve siècle : transition des mosaïques des gros à petits fragments.

M. CAILLIAUD AINÉ.

540. Mosaïque de Florence, représentant un oiseau.

541. *Id.* deux papillons.

542. *Id.* un papillon en albâtre, lapis-lazuli et jaspe, sur cachoulong.

M. LELIÈVRE,

543. Mosaïque romaine, représentant une ruine.

M. DE BERTHOU.

544. Une mosaïque, représentant une pyramide.

545. Mosaïque romaine, représentant le Colysée.

M. SOUET.

546. 1° Un cadre renfermant : une tête antique, sur sardoine ;
2° sur corindon, monté en or armoirié de la maison de Rieux ;
3° calcédoine onix : tête de femme grecque antique, en relief ;
4° sur quartz enfumée : symbole maçonnique ;
5° calcédoine onix : curieuse tête en relief ;
6° tête antique de femme : sur émeraude (corindon),
7° sur calcédoine : trois têtes antiques, gravure en creux ;
8° émail du XVIIe siècle : deux personnages ;
9° l'oiseau privé, d'après un tableau de Boucher : gràcieux émail ;

10° email du XVIe siècle : un bouquet dans un vase ;
11° tête de femme : émail, époque de Louis XVI ;
12° émail du commencement de Louis XV ;
13° calcédoine herborisée ;
14° cornaline gravée en creux, aux armes des Mally ;
15° mosaïque romaine : vue d'un pont près de Rome ;
16° verre améthysthe avec une Sapho, gravée à la roue par E. K. F. B.
17° agate figurée, représentant à volonté ou des ruines ou des personnages.

Pierres demi-fines, gravées et Camées.

M. CAILLIAUD AINÉ.

547. Camée double : tête de Christ et Vierge en jaspe sanguin école d'Italie.

548. Camée sur silex pyromaque ; à croûte blanche : tête de Silène, remarquable travail italien, bien que regardé comme antique.

549. Tête d'un jeune Bacchus en rouge sur fond agate : travail curieux et même pour la rareté de la pierre.

550. Camée en cachoulong à couche noire : curieux par la tête de nègre que l'on a fait ressortir.

551. Silex gris, à croûte de cachoulong, dont on a retiré un groupe à 4 personnages.

552. Sardoine orientale, avec tête antique, avec les mots : C. COEL, CALDUS COS : morceau curieux.

553. Deux camées sur nacre coloré : un Antoine et une Cléopâtre.

554. Trois petits bas-reliefs sur lave ? du Vésuve :

1° Une école;

2° Scène de vie privée.

M. ÉEDERT.

555. Une tête de Pétrarque sur marbre.

M. DE BERTHOU.

556. Une bague montée en or : peinture de Nymphes et Sylvain

M. PLESSIS.

557. 1° Curieux camée : pour l'art, dont on a tiré partie des couches de l'agate.

2° Calcédoine en camée : Louis XV.

3° Calcédoine ornée en camée à tête romaine, imitation antique : italien.

4° Cachoulong en tête de femme romaine-grecque (Sapho?) plaqué sur verre rouge.

5° Cornaline à caractère arabe, ou anneau servant de talisman : art oriental.

6° Agate herborisée, à fond de cachoulong.

7° Belle tête romaine gravée sur véritable quartz améthyste mais travail italien.

8° Camée antique : tête de philosophe (Pithagore).

9° Bague à chaton de malachite (cuivre carbonaté *vert*)

10° Bague à cheveux et chiffre : art sous Louis XV.

M. NAU, *architecte*.

558. Trois camées sur coquilles, à fond translucide : travail italien grâcieux.

M. CAILLIAUD AINÉ. — Six camées :

559. 1° Le pape pie VII, sur calcédoine onix.

2° Un camée curieux en calcédoine onix, offrant 4 têtes distinctes : travail italien.

3° Calcédoine onix : tête de Socrate, véritable antique.

4° Sardoine orientale avec vase et figure d'esclave : véritable antique.

5° Corindon, offrant une tête romaine, mais d'art italien

6° Deux très-petits camées entourés de perles.

560. Singulier camée, imitant une tête de singe (calcédoine onix), regardé comme véritable antique grec.

561. Deux masques en cornaline: vigoureuse, mais rude d'exécution.—Une tête camée améthyste.—Deux têtes un Jupiter Ammon sur jaspe, tête rouge et veine blanche, et un Bacchus sur silex, cailloux fond gris, tête mate. — Un camée sur silex onix : probablement un Jupiter, tête blanche.

562. Cinq onix, et un caillou d'Egypte représentant une belle tête, peut-être Alcibiade: travail italien, ainsi que les suivants. — Onix remarquable avec un Amour, tête de Bacchus jeune.—Onix à trois couches, dont une rose.— Tête romaine, onix à deux couleurs. — Tête de vieux soldat sur jaspe d'Egypte (vulgairement cailloux d'Egypte). — Agate fond piqueté, tête blanchâtre, qui aurait quelque rapport avec Marie-Antoinette.

563. Quatre camées, dont un en creux antique; un tout moderne sur agate, à tête de calcédoine; deux en agate onix, un esclave et un philosophe. — Quatre petits onix sur agate, d'un travail curieux bien qu'ébauché. — Un oiseau sur une agate rose. — Tête sur malachite. — L'enfant et le dauphin.

564. Calcédoine avec caractère arabe, talisman oriental: très-beau caractère. — Chaton d'anneau talismanique en jaspe, cailloux d'Egypte.—Trois petites pierres antiques, dures, gravées : gréco-syrien.

565. Camée : tête de nègre, sur calcédoine, objet rare, travail italien moderne. — Une Léda sur coquille, tres-gracieuse, malheusement altérée.

M. FARAULT, d'*Ancenis*.

566. Six pierres gravées, dont cinq cornalines et un jaspe d'Egypte représentant un esclave, et cornalines gravées en creux avec figure ou chiffre.

Tabatières et Boîtes.

M. BEDERT.

567. Tabatière ronde en émail ciselée, garniture en argent : industrie, fin du XVIIe siècle.

M. DE BERTHOU.

568. Une boîte tissée en paille aux armes de France : d'un travail très-soignée, et sans aucun doute ayant été faite pour quelque maison princière.

M. SOUET.

569. Un œuf : vieux laque de chine vert, dessin d'or, destiné à renfermer un bézoard.

570. Fabrique chinoise en relief sur ivoire, de commande pour tabatière : fin du XVIe siècle.

M. BOSSET.

571. Un calvaire sur nacre, d'un travail grossier, pouvant se reporter au XIVe siècle, s'il est vraiment un reflet de l'art.

M. GUÉNIER.

572. Une tabatière : travail chinois sur écaille, sculpture profonde et très-remarquable, représentant une petite fabrique.

M. COLY.

573. Une tabatière à écaille noire, montée en argent sculpté paraissant remonter au XVIe siècle.

574. Tabatière en nacre, incrustée d'or : travail curieux du XVIIe siècle.

M. BOSSET.

575. Tabatière en argent, à dessus de nacre : sujet, allégorique

gravé en relief sur la nacre, paraissant du XVIIIe siècle, malgré le rude de l'exécution.

M. ***

576. Tabatière de nacre montée en or, et gravé : groupe d'amours du travail le plus suave et le plus gracieux.

M. CRUCY.

577. Une tabatière d'or émaillée, à médaillons : donnée par Louis XVI à M. Heurtière, architecte.

M. LELIÈVRE.

578. Tabatière écaille, laque en dessus incrustée d'or et d'argent : industrie allemande.

579. Tabatière émaillée : commencement du siècle de Louis XIV, travail médiocre.

580. Tabatière émaillée : du siècle de Louis XIV.

M. MEUNER.

581. Tabatière émaillée de Saxe, de 1749 : vue maritime.

M. SAINT-AMANDS.

582. Une tabatière d'écaille montée en or avec médaillon, émail : travail assez fin du siècle de Louis XIV.

M. GUÉNIER.

583. Boîte en filigrane avec camée : travail du goût le plus délicat en ce genre.

M. MAGUÉRO.

584. Une boîte en fer, damasquiné argent : travail sous Henri II ou Henri III.

M. PLESSIS.

585. Tabatière en or, à plaque de fausse aventurine, donnée par Louis XVI.

586. Portrait de Marie-Antoinette sur tabatière de corne fondue, montée en or, donnée par Louis XVI.

M. CAILLIAUD AINÉ.

587. Tabatière d'ivoire montée en argent, curieusement ar-

moiriée à petits clous d'argent : industrie du XVIIe siècle, mais exceptionnelle.

Montres et Dépendances.

M. LELIÈVRE.

588. Une montre ovale. — Corde à boyaux, attribuée à Rumberg.

589. Montre ovale, d'un travail moins fini que la précédente.

590. Montre, cuivre doré, à cadran à cartouche à fond repoussé : du commencement du siècle de Louis XIV, avec chaine de la Régence.

591. Montre en argent à fond repoussé : fin du siècle de Louis XIV.

592. Montre de femme à double boitié, cuivre doré et repoussé : commencement de Louis XV.

M. CAILLIAUD AINÉ.

593. Une montre : industrie anglaise des premiers temps de l'horlogerie, sans vis et à cordes à boyaux.

M. LEABON.

594. Deux châtelaines ou supports de montre, cuivre doré, ciselé : premiers temps de Louis XV.

M. SOUET.

595. Grosse montre d'argent, du commencement du regne de Louis XV, avec portrait de femme en émail. (P. Creuze, à Bordeaux).

M. CAILLIAUD.

596. Chaîne de montre ancienne, grains d'émaux et d'acier,

Objets d'Industrie Espagnole

Chapelets et Colliers.

M. MALLARD.

597. Un collier en grains d'agate, passant à la calcédoine, venant du Brésil.

M. CAILLIAUD AINÉ.

598. Chapelet à grains et chaîne d'argent : industrie espagnole.
599. Chapelet chaîne d'argent, grains d'émail : industrie moderne espagnole.

Médailles et Reliquaires.

M. CAILLIAUD AINÉ.

600. Une croix-reliquaire.
601. Deux reliquaires espagnols, dont un médaillon et une châsse.
602. Cinq médailles de chapelet, ciselées
603. Deux christs au jupon.
604. Quatre madones à gloire.

Objets Divers.

LA MAIRIE DE NANTES.

605. La châsse où était conservé le cœur d'Anne de Bretagne Cette châsse portée à Paris, lors des premiers événe-

ments de la révolution de 93, ayant été réclamée depuis par l'administration de la ville de Nantes, a été rendue et se trouve religieusement conservée dans le trésor de la ville. Cette châsse, en forme de cœur, or doublé d'émail, est surmontée d'une couronne d'or, autour de laquelle on lit : COURONNE COEUR DE VERTU ORNE DIGNEMENT.

Des lettres en relief couvre ce cœur ; d'un côté on lit :

EN CE PETIT VAISSEAU
DE FIN OR PUR ET MVNDE
REPOSE UNG PLUS GRAND CVEVR
QUE ONCQUE DAM EUT AU MVNDE.
ANNE FUT LE NOM D'ELLE
EN FRANCE DEUX FOIS ROINE
DUCHESSE DES BRETONS
ROYALE ET SOUVERAINE.
M. V. C. XIII.

Au revers on lit l'inscription suivante :

CE CVEVR FUT SI TRÈS HAUT
QUE DE LA TERRE AUX CIEVLX
SA VERTU LIBERALLE
ACCROISSOIT MIEVLX ET MIEVLX,
MAIS DIEV EN A REPRINS
SA PORTION MEILLEVRE
ET CESTE PART TERRESTRE
EN GRAND DVEIL NOUS DEMEVRE.
IXe JANVIER.

On a placé auprès un camée représentant la jeune Anne, et un souvenir qui par la tradition semble lui avoir appartenu.

(Voir dict. du Comté Nantais par M. Macé p. 252).

606. Un souvenir en ivoire, monté en or : industrie du siècle de Louis XV.

M. BEDERT.

607. Un carnet précieux, maroquin, garniture argent : industrie du XVIe siècle.

M. DE BERTHOU.

608. Un souvenir à feuilles d'ivoire, monté en argent à fond d'or, d'un beau et riche travail : passe pour avoir appartenu à la reine Anne de Bretagne.

M. SOUET.

609. Une gourde plate, de Corse, à goulot d'argent, ayant appartenu à un officier de la légion de Condé dans la guerre de 1775, contre Paoli.

M. PLESSIS.

610. Deux flacons avec bouchons en or : industrie du commencement du XVIIIe siècle.

M. NAU.

611. Un étui en ivoire : de fabrique chinoise.

M. PLESSIS.

612. Un étui d'or ciselé : industrie du commencement du XVIIIe siècle.

613. Une petite cuiller d'or ciselée à jour, d'une exécution rare.

M. LELIÈVRE.

614. Une cuiller d'argent ciselée et dorée, du XVIe siècle, peut-être même du XVe (on disait alors un cuillier).

M. SOUET.

615. Couteaux de toilette à manches, porcelaine française, à dessins chinois : industrie de 1697 à 1717.

M. PENANNECH.

616. Douze couteaux à manches porcelaine du Japon.

M. LELIÈVRE.

617. Un couteau sculpté à manche d'ivoire, et fourchette de

même temps, dont les figurines sont très-curieuses, annonçant un travail du XV au XVIe siècle.

M. DE BERTHOU.

618. Une Sainte Famille, gravée en creux sur corne: d'un travail assez soigné, probablement destiné à servir de moule.

M. SOUET.

619. Trois têtes : un Louis XVI, un Mirabeau, une Charlotte Corday.

620. Une coquille gravée en relief, représentant une Vénus dans une conque traînée par des dauphins, dans un médaillon de cuivre doré.

621. Biscuit camée porcelaine anglaise fond bleu, du magasin de Sickse, place du Palais-Royal, à Paris, époque 1787 à 1789 : représentant un guerrier emportant des trophées de combats, tenant un jeune garçon qui porte une palme de victoire. Cadre noir et cercle en cuivre.

M. BOSSET.

622. Bas-relief en ivoire, allégorie : le Temps enlevant les Grâces.

M. SOUET.

623. Portrait en ivoire, représentant le grand dauphin, père de Louis XVI. Sur fond velours violet.

M. PLESSIS.

624. Médaillon, sculpture d'un bouquet en bois, d'une rare délicatesse d'exécution.

M. SOUET.

625. Etui à ciseau, en fer ciselé et argenté : industrie de l'époque de Charles VI ou VII.

M. BOSSET.

626. Deux porte-montres cuivre doré, trophée musicale : exécution grâcieuse premières années de Louis XV.

M. LELIÈVRE.

627. Crachat : bronze doré du pape Alexandre VIII, morceau apocryphe.

EXPOSITION

DES OBJETS DE M. FRÉDÉRIC CAILLIAUD.

Armoire N° 1.

628. Une suite nombreuse de statuettes chinoises ou magots (non numérotées), en stéatite variée et en porcelaine.
629. Représentation d'un phénomène né dans le district de Yan-Hang-Yven, en Chine, représenté à l'âge de 16 ans, en janvier 1820.
630. Pagodes dans un bosquet, d'un travail évidé à jour assez remarquable : en talc-stéatite verdâtre.
631. Belle cuvette en cristal de roche.

M. LELIÈVRE.

632. Statuettes chinoises en talc-stéatite et en porcelaine, d'un beau choix.

M. TRANSON.

633. Statuette de mendiant, en ivoire et en bois, objet soigné.
634. Mandarin : biscuit d'un beau travail.
635. Statuettes de femmes chinoises en porcelaine.

Antiquités, la plupart Égyptiennes

CATALOGUÉES ET EXPOSÉES PAR M. FRÉD. CAILLIAUD.

636. Sympulum en bronze des Etrusques : environs de Rome.
637. Vase en bronze des cérémonies religieuses étrusques.
638. Quatre moules en terre cuite pour les vases romains. On

sait que ces grands vases étaient composés de plusieurs pièces ; ces moules, destinés à la confection des parties des bas-reliefs, étaient placés sur les tours, la terre y était pressée et tournée intérieurement : à la chaleur elle se contractait, et les bas-reliefs se retiraient d'eux-mêmes des moules. Par ce procédé aussi facile qu'ingénieux, ces vases dits de Samos se couvraient des plus riches ornements. Trouvés à Reinsebern ancienne Alsace.

638 *bis*. Bas-reliefs obtenus dans ces moules, du même lieu.

639. Vase grec de Syracuse.

640. Cinq lacrymatoires trouvées à Appollinopolis, en Egypte.

641. Dix lampes sépulcrales en terre cuite, trouvées en Egypte : on y remarque des formes élégantes et des ornements grâcieux.

642. Statuette d'Osiris Serapis, grand juge de Lamenthé, portant sur la poitrine le flagrum et le crochet, symboles de l'excitation et de la modération : bronze d'un tombeau de Thèbes.

643. Harpocrate enfant, dieu du Silence (le doigt sur la bouche) : bronze.

644. Vingt-deux amulettes égyptiennes en fayence émaillée et autres variées.

645. Une perruque égyptienne : on remarque que le filet lui-même est en cheveux sans aucun corps étrangers. Cet objet, d'une grande rareté, a été trouvé dans un coffret en bois dans un tombeau de Thèbes.

646. Tunique égyptienne sans manches, en toile de lin avec des ourlets et des reprises faites à l'usage moderne : trouvée sur une momie de Thèbes.

647. Momie d'enfant enveloppée de ses bandelettes : de Thèbes.

648. Tête de momie d'enfant : on remarque sa bonne conservation : de Thèbes.

649. Un bras avec sa main de momie encore enveloppée : d'un tombeau de Memphis (*).

650. Momie de chat recouverte de ses bandelettes en toiles de diverses couleurs : d'un tombeau de Thèbes.

651. Inscription hiératique funéraire sur une pierre calcaire de Thèbes.

652. Statuettes ou idoles en bois peint et en terre émaillée, provenant de divers hypogées d'Egypte, et placées dans les tombeaux comme acte de supplication aux divinités.

653. Couvercles des vases dits de Canope, vases contenant les intestins des momies; ces couvercles représentent *Kebhsnif* (tête d'épervier), et *Amset* (tête humaine) : deux génies de Lamenthé, trouvés à Thèbes.

654. Stèle funéraire en bois peint : sujet d'adoration.

655. Divers échantillons de tissus de lin, de coton en ruban et cordonnet, toile teinte en rouge et autres frangées; dans le nombre se trouve un tissu de la plus grande finesse, recueillis dans les tombeaux de Thèbes.

656. Clinquant en feuilles de cuivre doré, tout semblable à celui fabriqué de nos jours : Thèbes.

657. Peinture sur cartonnage employé pour ornement des momies, représentant les quatre génies de Lamenthé : d'un tombeau de Memphis.

658. Deux échantillons de papyrus moderne (où l'on a représenté cette plante), faits récemment à Syracuse, en procédant par le moyen des anciens : on sait que cette plante, encore aujourd'hui abondante près de cette antique cité, est à peu près perdue en Egypte, sa patrie.

(*) Les numéros 647 à 649 sont exposés par M. Cailliaud aîné.

Armoire N° 2.

659. Deux têtes de momies : l'une est découverte, la seconde conserve ses bandelettes : des tombeaux de Memphis.

660. Une momie de fœtus humain, dans ses langes : Thèbes.

661. Momie de serpent enveloppée : de Memphis.

662. Momie de chat dans ses bandelettes, de diverses couleurs : on remarque avec étonnement qu'elles forment des dessins carrés que l'on a souvent (à tort) attribués aux Grecs : des hypogées de Thèbes.

663. Vase pour les offrandes, en syenite : de Thèbes.

664. Modèle d'un pied de fauteuil en bois, dit de Méroe, en forme de griffes de lion : Thèbes.

665. Statuettes en bois peint, de diverses localités de l'Egypte.

666. Panier circulaire en paille teinte : divers de ces objets de vannerie en tissus serré servaient à transvaser, et pouvaient contenir les liquides comme il en est encore dans l'Egypte moderne ; celui-ci renfermait des nattes de cheveux ; le panier scellé d'un cachet placé près d'une momie comme acte de piété consacré à l'amour du défunt.

667. Panier en feuilles de palmier, contenant du pain et des figues de sycomore : d'un tombeau de Thèbes.

668. Momie d'Ibis (il ne détruit point les serpents) ; il était consacré au dieu Thòth.

669. Statuettes de deux chacals, gardiens fidèles de l'asile consacré aux morts ; on les voit quelquefois tenant dans leurs pattes les clés des tombeaux : de Thèbes.

670. Deux cônes funéraires en terre cuite, avec inscription hiéroglyphique : on n'en connaît pas encore bien l'usage.

671. Vase en terre émaillée bleue, en forme de bardaque, orné de festons et de fleurs de lotus. Ce vase est d'une antiquité très-reculée, avant la connaissance du tour chez les

Egyptiens. Il est formé de deux pièces égales moulées séparément et soudées l'une sur l'autre : trouvé à Trèbes.

672. Deux fuseaux pour filer à la main, en bois de sycomore : Thèbes.

673. L'épervier en bois peint et doré sur un enduit comme notre procédé moderne ; il porte la coiffure d'Ammon : l'épervier était pour la caste militaire l'emblème de la victoire.

674. Figurine en bois ayant les bras mobiles : de Thèbes.

675. Dieu Priape en pierre calcaire coloriée : Thèbes.

676. Figurine en bois d'Osiris, le grand juge de Lamenthe, portant sur la poitrine le flagrum et le crochet, symboles du pouvoir, de l'excitation et de la modération : d'un tombeau de Thèbes.

677. Trois idoles en terre émaillée bleue, portant sur leur poitrine l'image de la houe (instrument de labour), et sur le dos le panier contenant la semence ; c'est ainsi que, jusque dans les lieux divins, l'asile sacré de la mort, les emblèmes de l'agriculture étaient reproduits et vénérés.

678. Petit vase sépulcral ; ce travail soigné, en albâtre, présente les figures de *Keblısniv* (tête d'épervier), *Soumantf* (tête de scabeal), *Hapi* (tête de cynocéphale), *Damset* (tête humaine) ; les quatre génies de Lamenthé avec leur nom en hiéroglyphes : ce morceau rare par la pureté de son travail, provient d'un tombeau de Thèbes.

679. Six figurines en fayence émaillées bleue, des tombeaux de Memphis et de Thèbes : la couleur bleue de leur émail, qui est due au cuivre, est très-remarquable.

680. Petite boite d'ébene à pommade, et autres cosmétiques odorants pour parure des anciens Egyptiens : de Thèbes. On sait que ces cosmétiques ont été retrouvés dans le même lieu, conservant encore tout leur parfum, malgré un espace peut-être de trois à quatre mille ans.

681. Dieu Priape en sulfatine rose, présentant la figure de la déesse Hâthor : d'Egypte.

682. Epervier en fayence émaillée verte, coiffé de la partie supérieure du *pschent*, symbole du pouvoir : sur la région supérieure de l'Egypte.

683. Petite figurine portant l'image de la houe, remarquable par la nature de son émail blanc, toujours rare : de Thèbes.

684. Sept idoles diverses en fayence vernissée, avec inscriptions funéraires : plusieurs étaient recouvertes d'une enveloppe de toile par les anciens, comme pour en préserver l'émail et les légendes.

685. Statuette d'Isis, assise et allaitant son fils Orus, fayence émaillée verte, d'un tombeau de Thèbes.

686. Partie d'une étole trouvée sur une momie de prêtre, à Thèbes ; elle est en peau maroquinée et frappée d'impressions hiéroglyphiques assez soignées. C'est une adoration à Osiris, tenant le sceptre divin et portant la coiffure d'Ammon-Ra, grande divinité de Thèbes ; audessous une frise se compose de sceptres divins et de croix ansées, symbole de la vie divine. Cet art d'impressionner le cuir avec des moules, nous montre combien les Egyptiens ont touché de près la découverte de l'imprimerie.

687. Deux figurines modelées en cire.

688. Trois figurines de Typhon, fayence émaillée. On connaît sur ce mauvais génie toutes les fables emblématiques, le vent brûlant du désert et les phénomènes relatifs à toutes les causes qui amenaient la stérilité et l'abandon de toute existence : de Thèbes.

689. Figure en pied de Typhon, tenant en main les sceptres des panégyries des années.

690. Le Cerbère égyptien, à tête d'hippopotame, gardien du palais d'Osiris.

691. Anubis qui préside aux embaumements, gardien des morts, fayence émaillée bleue.

692. Ammon-Ra, à tête de belier, grande divinité de Thèbes.

693. Déesse léontocéphale, à tête de lion.

694. Thôth ibiocéphale, à tête d'ibis, le dieu des lettres.

695. Figurine d'Isis, assise, allaitant son fils Orus. Toutes ces statuettes sont en fayence émaillée, trouvées à Thèbes.

696. Œil en albâtre, avec prunelle en jayet rapportée, à queue d'éronde, ajustement bien connu des Egyptiens. Ces yeux étaient incrustés aux figures sur les caisses de momies : Thèbes.

697. Très-joli petit pectoral ou amulette en forme de naos en serpentine, avec plaque d'or représentant le bœuf Apis, surmonté du disque du soleil, et du scarabée les ailes déployées. Ce travail est finement ciselé sur or : trouvé à Memphis.

698. Bague en ivoire, représentant le scarabée, symbole du monde et de l'éternité : d'Egypte.

699. Bague en chaton émaillé, monté en or, en cachet tournant, représentant le dieu Phtha, avec le cartouche de Thouthmosis IV, Pharaon de la XVIIIe dynastie, petit-fils et second successeur de Mœris. Ce bijou peut dater de 1720 ans avant l'ère chrétienne L'autre côté du cachet présente le dieu Ammon-Ra, grande divinité de Thèbes, assis, tenant le sceptre divin.

700. Scarabée funéraire en basalte, recouvert d'une plaque d'or, portant une inscription funéraire hiéroglyphique ciselée. On y remarque deux écussons ou cartouches en blanc, où les noms du défunt n'avaient pas encore été gravés. Cette circonstance nous démontre que ces rituels funéraires communs à beaucoup de ces actes de piété étaient faits à l'avance, et qu'au moment du besoin ils étaient achetés, et qu'alors on y ajoutait les noms du défunt dans les espaces réservés à cet effet.

701. Petite figure d'Isis en argent, très-rare en ce métal.

702. Les trois principales divinités : Isis, Orus et Osiris réunis en fayence émaillée verte, d'Egypte.

703. Amulette, le hilomètre, symbole de mesure et de stabilité consacré à Phtha.

704. Amulette représentant un niveau en ématite.

705. Amulette représentant l'œil, emblème d'Osiris.

706. Une suite de bagues, également en fayence émaillée, représentant l'uréus, l'aspic, l'œil avec la langue, symbole d'Osiris et de la parole, diverses légendes hiéroglyphiques : des tombeaux de Thèbes.

707. Collier de scarabées en jaspe, en pierre calcaire et composition émaillée. Plusieurs de travail très-soigné et rare par les noms royaux de la XVIIIe dynastie dont ils sont revêtus.

708. Petite amulette en fayence émaillée bleue, d'un travail remarquable, réprésentant Thouthmosis III, Mœris de la XVIIIe dynastie ; devant lui est son cartouche royal ; il est casqué ; l'aspic, signe de la royauté, orne son front : il tient à la main la croix ansée, signe de la vie divine. En fixant ce travail de la troisième année de son règne, il daterait de 1730 ans avant l'ère chrétienne : trouvée à Thèbes.

709. Amulette, l'œil, emblème d'Osiris, en lapis-lazuli : Egypte

710. Autre collier de scarabées et amulettes divers.

711. Scarabée en fayence émaillée verte, les ailes déployées, symbole du monde et de l'éternité, et le cachet de la caste militaire. Il désignait l'homme, suivant Horus Apollo, parce que dans cette espèce il n'y avait pas de femelles.

712. Souliers avec des empeignes : des tombeaux de Thèbes.

713. Sandales. Il est à remarquer que ces chaussures étaient coupées et façonnées, comme celles de nos jours pour chaque pied.

714. Longue sandale portée par les rois.

715. Sandale en feuilles de palmier, portée dans les temples par les prêtres.

716. Cordes en palmier et en chanvre.

717. Grosse natte de cheveux, enveloppée de toile et déposée dans les tombeaux comme acte de piété.

718. Pied de momie d'une rare conservation. Cet objet est exposé par M. Cailliaud aîné.

719. Deux mains de momies, dont les doigts de l'une sont encore couverts de ses bandelettes : des tombeaux de Memphis.

720. Deux petits crocodiles enveloppés de leurs bandelettes en toile de diverses couleurs : des tombeaux de Thèbes.

721. Momie de crocodile sacré à Crocodylopolis, et retiré de ses bandelettes : des tombeaux de cette antique cité.

722. Corde à boyau pour instrument de musique, trouvée très-rarement à Thèbes.

723. Trois tours de cheveux encore en partie frisés.

724. Longues mèches de cheveux lisses et autres nattées, également postiches : ces divers cheveux, encore empreints de la main de l'art depuis peut-être 4000 ans, étaient autant de dépôts consacrés avec un soin religieux dans l'asile des morts, comme gage d'amour et d'attachement portés au défunt : Thèbes.

725. Fragment de pain des tombeaux de Thèbes.

726. Trois œufs de poule.

727. Figues de sycomore, fruit du palmier doum.

728. Orge : les observations judicieuses de M. J.-B. Le Boterf nous ont fait reconnaître que cette orge, qui peut avoir plus de trente siècles d'existence, appartient à la plus belle espèce, connue sous le nom d'*orge à six rangs*.

729. Froment contenant encore la fécule amylacée.

M. Baillif avait déjà constaté la présence de la fécule dans du froment antique rapporté de Thèbes. Nous avons voulu, M. Léon Le Sant et moi, répéter ensemble cette expérience, non-seulement sur le froment, mais sur le pain antique ici exposé : dans l'un et l'autre cas les réactions de l'iode ont été concluantes.

3 ou 4 grammes de froment trituré ont été délayés dans 2 grammes d'eau distillée froide ; la solution a pris une couleur ambrée, provenant de la substance conservatrice ; porté à l'ébullition, le liquide a perdu sa transparence ; peu à peu, et à mesure que la température s'élevait, il est devenu complètement opalin : c'est alors qu'une goutte de teinture alcoolique d'iode a donnée immédiatement (à notre grande surprise) la coloration violette foncée, existence réelle de la fécule amylacée, qui a conservé toutes ses propriétés malgré trois à quatre mille ans.

Nous avons procédé de la même manière sur le pain : à notre satisfaction, les résultats ont été les mêmes, et il est à croire que l'on y retrouverait encore le gluten, si l'on pouvait opérer sur une quantité notable de ce pain.

730. Froment plus détérioré : tous ces comestibles sont trouvés dans les tombeaux de Thèbes, dans des vases ou des paniers placés près des momies.

731. Graines de ricin, employée des anciens pour la fabrication de l'huile.

732. Instrument de bois que l'on suppose avoir servi à peigner le lin.

733. (Cadre) Réseau en tubes d'émail : la partie supérieure a l'aspect d'un tissu formé de grains d'émail de diverses couleurs, assez semblable au travail moderne ; les caractères hiéroglyphiques qu'il présente sont : le scarabée, symbole du monde, de l'éternité et de la génération ; le hilomètre, signe de mesure et de stabilité ; les ondulations, signe de l'eau ; les chacals, emblême ordinaire du dieu Anubis, symbole de la vigilance et de la fidélité. Ce morceau précieux, d'une rare conservation, encore maintenu par ses fils antiques, fut trouvé sur une momie de prêtre, à Thèbes.

734. Autre réseau en tube d'émail : le scarabée, les ailes déployées et surmonté du globe, est confectionné en grains d'émail ; au-dessous on remarque, en travail semblable, les quatre génies de Lamenthé déjà cités : Thèbes.

735. Caisse de momie recouverte de sujets hiéroglyphiques en peintures d'une belle conservation : d'un tombeau de Thèbes.

736. Momie de femme encore revêtue d'une partie de ses bandelettes.

737. Couvercle intérieur : caisse de momie d'un homme grandement titré. Les anciens ne négligeaient pas d'indiquer sur chacune de leur caisse le sexe de l'individu qu'elle renfermait, par la présence de la barbe ou l'indication des seins.

Une grande et riche collerette bordée de lotus en couvre la poitrine ; le scarabée, ici comme symbole de la résurrection, figuré sur l'estomac, est souvent renfermé dans le corps même de la momie ; son image est ici surmontée du globe traversé d'*uréus*, symbole de l'éternité.

Sur chaque bras est figuré la déesse *Thmès*, la Justice et la Vérité. La momie est étendue sur le siége mortuaire. La tête surmontée du disque et relevée, les bras apposés en forme de sphynx, ne s'observent que dans les personnages de haut rang. Au-dessus voltige la pintade, emblème de la déesse *Hâthor*, qui de ses ailes protége le défunt ; l'emblême de l'âme est représentée par des oiseaux à figure humaine, et pourvus de corbeilles remplies d'aliments.

Deux déesses protectrices les enveloppent de leurs ailes, tenant en main le panache, attribut de la justice et de la vérité.

Sous le siége mortuaire sont reproduits les insignes du pouvoir, les deux parties du *pschent*, emblêmes de la puissance supérieure et inférieure, le *flagrum*, symbole de l'excitation, et le crochet de la modération.

Le registre inférieur présente les deux chacals emblême d'Anubis, gardiens des choses divines, tenant le *pât*, attribut de l'autorité, le *flagrum* déjà cité.

Au-dessous une grande figure de *Nephté*, grande et divine mère, les ailes et les bras étendus avec le signe de la vie divine, assure le défunt de sa haute protection.

Les compartiments inférieurs montrent une femme de haut rang portant de longues sandales relevées, et faisant l'offrande du feu au dieu *Chons;* près de là des peaux de léopard indiquent encore la haute condition du défunt.

Diverses allegories occupent les registres inférieurs, où l'on remarque l'épervier, le bélier d'Ammon portant le disque, et plus bas les quatre génies de Lamenthé tenant le *flagrum;* à ceux-ci appartiennent exclusivement tout ce qui est retiré des corps lors de l'embaumement.

Des bordures composées d'*uréus* la tête surmontée du disque, et des lignes d'hiéroglyphes qui ne sont que des rituels funéraires très-souvent répétés sur les momies, encadrent par compartiment tous ces sujets.

Ce morceau, d'une rare conservation, provient d'un tombeau de Thèbes.

PALÉOGRAPHIE.

M. MONNET.

738. Un Rituel de prières avec lettres et bordures dorées, manuscrit du XIVe siècle : in-8o sur vélin.

M. LELIÈVRE.

739. Un Rituel ou livre de prières, sorte d'Heures du XIIIe siècle, très-orné de vignettes et bel exemplaire, avec une prière en français.

740. Autre manuscrit semblable et sans vignettes, mais lettres et marges ornées : in-8o sur vélin.

M. LA MICHELLERIE.

741. Livres d'Heures ou Rituel de prières, avec curieuses et riches vignettes, mais d'un caractère gothique si réformé qu'il ne peut être que du milieu du XVe siècle, c'est-à-dire au moment de la découverte de l'imprimerie : in-8o sur vélin.

M. BOSSET.

742. Livres d'Heures, impression de Philippe Pibouchet, de 1428, mais mi-partie manuscrit et impression, par les lettres enluminées : in-8o sur vélin.

743. Manuscrit d'Heures de 1401, avec quelques vignettes passables : in-8o sur vélin.

M. NAU.

744. Livres d'Heures de 1480, de chez Philippe Pibouchet, dans la catégorie du n. 742 : in-8o sur vélin.

M. LELIÈVRE.

745. Livres d'Heures de 1428, de Pibouchet : in-12 avec lettres et vignettes enluminées, or et azur, sur vélin.

M. BOSSET.

746. Qvadrins historiques de la Bible : in-18, Lyon, 1555

(Jean de Tournes) ; rare et payé 100 liv. en 1744 : sur papier.

M. LELIÈVRE.

747. Emblêmes d'Alciat : in-8° 1549 ; Lyon, chez Macé Bonhomme ; ouvrage rare, sur papier.

748. Manuscrit du XIIe siècle : vol. in-12, écrit à deux colonnes avec commentaires en colonnes latérales ; ouvrage relatif à la discipline ecclésiastique, sur vélin.

M. ***.

749. Ouvrage imprimé chez Simon Vostre en 1507, tenant encore de la forme des manuscrits des siècles précédents ; ouvrage de prières ou Heures : grand in-12 sur vélin.

M. BOSSET.

750. La passion de Jésus-Christ, imprimé par Pierre Dodot, à Amsterdam, en 1523, avec figures : ouvrage en vers latin, d'après plusieurs poètes du moyen-âge, in-18 ; ouvrage rare sur papier.

M. BIARNES.

751. Un Tacite in-32: elzevir parfaitement conservé, sur papier.

M. MOUNNER.

752. Coutume de Bretagne, en manuscrit : petit in-18, écriture du XVe siècle, curieux spécimen de la langue française vers ce temps, sur vélin.

M. BOSSET.

753. Livre d'Heures imprimé à Paris, chez Simon Voste, à l'usage de Nantes, en 1515 : grand in-8° avec figures et prières ou latines ou françaises, sur papier.

754. Manuscrit grand in-4° sur vélin, capitale dorée et armoriée, renfermant des prières et ne paraissant que du XVe siècle.

MONSEIGNEUR DE NANTES.

755. Un Coran grand in-8° sur parchemin, trouvé à Cons-

tantine et donné à l'évêque de Nantes par le général Lamoricière; exemplaire du plus grand prix, pour la beauté des caractères et la délicatesse des embellissements.

M. PLESSIS.

756. Manuscrit de Mme la duchesse d'Orléans (Louise-Marie-Adélaïde de Bourbon, fille de M. le duc de Penthièvre), donné par elle, comme gage d'amitié, à Mme la duchesse, première douairière de Rohan.

M. BACHET.

757. Un manuscrit: petit in-f° en vélin, renfermant l'Apocalipse et un grand nombre de petits tableaux, manuscrits coloriées, ayant appartenu à la Chartreuse *Valis Dei*, et paraissant du XIe ou Xe siècle, ouvrage remarquable pour l'art et le costume du temps.

M. LELIÈVRE.

758. Manuscrit: petit in-f° sur papier, renfermant beaucoup de recettes médicales, des prières, etc., en français et en latin, paraissant de 1450.

M. BOSSET.

759. La science héroïque sur le blason, 1644, par le sieur de la Colombière, in-folio : ouvrage curieux pour l'enluminure des armes des maisons de France.

M. CAILLIAUD AINÉ.

760. Un manuscrit sur vélin, sorte d'Heures d'une forme oblongue, rare, paraissant du XIe siècle, devant avoir appartenu à une famille royale.

M. BOSSET.

761. Un manuscrit in-octavo vélin, ou Heures du XIIIe siècle, prières latines et françaises, bien conservé, ornements soignés et peu nombreux.

762. Un manuscrit sur vélin, grand in-18, paraissant de 1400, avec vignettes et jolies enluminures.

763. Manuscrit sur vélin, livre de prières, de 1528, chargé d'ornementation et d'une belle conservation; un des plus curieux de l'exposition.

764. Livre de prières imprimé sur vélin, petit in-18, de 1437, Thielnan-Kerrver, exemplaire très-curieux.

Mme CHEVALLIER.

765. Un livre chinois, traitant de l'astronomie, sur papier de Broussonétia papyfera.

M. LELIÈVRE.

766. Manuscrit in-18, livres de prières; de 1350, bien conservé, sur vélin.

M. DAVID (EM).

767. Un livre de prières du XIVe siècle, remarquable par la richesse des enluminures d'un style tout particulier : ayant appartenu à un des membres de la famille royale de France.

768. Heures de Notre-Dame, in-12, imprimées à Paris chez Chesneau, 1582, en gothique : ouvrage de Biographie et curieux.

M. LELIÈVRE.

769. Manuscrit in-quarto sur vélin, formant un rituel écrit en 1430, en beau caractère, mais altéré.

MÉDAILLES.

M. MAUDUIT.

770. Une patene représentant la création du monde. — Une patene représentant les grands électeurs de Saxe. — Médaille hébraïque dont la traduction a été faite par l'évêque de Nantes — Ecu d'or, Charles V. — *Id.*, Charles VI. — *Id.*, Charles VII. — *Id.*, Charles VIII. — *Id.*, Philippe de Valois. — *Id.*, Henri II. — Une petite pièce en or de Valentinien. — *Id.*, d'Hadrianus, d'une très belle conservation. — Un cliché grand module du cardinal de Richelieu. — Un Néron, grand bronze. — Deux médailles romaines en bronze. — 1 de l'empereur Nerva. — 2 médailles d'Auguste. — 1 Antonin. — 1 César-Auguste. — 1 Domitien d'une beauté remarquable. — 1 Galba. — 1 Lucius Verus. Toute ces médailles sont en général de la plus belle conservation. 2 Vespasien en argent. — Antiochus-le-Grand. *Id.* — Arsace. — 1 Faustine. — Empereur Persan. — 7 Antoninus Pius. — 2 petites médailles des légions romaines sous Marc-Antoine. — 1 pièce de la famille Aburia an 577. — 1 de la famille Lucilia, an 655. — 1 de la famille Junia, 504. — 1 de la famille Julia, 580. — Une petite pièce de Julie, fille de Néron. — 1 Anne d'Autriche, mère de Louis XIV. — 4 médailles grand bronze, d'une grande beauté, dont deux Antonins, un Claude et un Lucius Verus.

M. FRANÇOIS.

771. Trois petits bas-reliefs en cuivre. — 1 cliché, tête de Charles V. — 2 petits médaillons carrés. — 1 médaille représentant le cardinal Armand de Richelieu. — 1 tête d'un empereur grec en plomb. — 1 médaille portant le

millésime 1555. — 1 écu d'Henri IV, 1651. — 7 petites médailles romaines et gauloises. — 1 anneau représentant les portaits de Marat et de Lepelletier, avec cette inscription : Martyrs de la liberté.

CERCLE DES BEAUX-ARTS.

772. Soixante-quatorze médailles. — 2 médailles de Charlemagne. — Charles VII. — Henri II, roi de France 1550. — Louis XI, un blanc à la couronne. — François Ier, tournois à la couronne. — 3 Henri III, roi de France et de Pologne. — 3 Charles IX, 1564. — 3 Henri IV. — 3 Charles X, cardinal de Bourbon. — Henri II. — Henri VI. — Médailles diverses de France et de Bretagne.

M. PRAU DE LA NICOLIÈRE.

773. Jean II, duc de Bretagne. — Jean III, *Id.*, dans un écusson. Jean III, *Id.*, trois hermines couronnées. — Jean IV, *Id.*, avec une croix. — Jean IV, *Id.*, écu et casque corné. — Charles VIII, *Id.*, croix, hermine et fleurs de lys. — 23 maires de Nantes.

M. BACQUA.

774. Deux Charles VII, écu à la couronne. — Charles VI. croix et fleurs de lys. — Louis X, écu au soleil. — Charles V, fleurs de lys. — François Ier, écu d'or. — Jean, mouton. — Henri VI, salut frappé en France. — 3 pièces d'or, Ferdinand et Isabelle d'Espagne. — Philippe II, d'Espagne. — 5 pièces d'or d'Espagne et de Portugal.

M. LE SANT.

775. Deux jetons des maires de Nantes, MM. de Monti et de Ponctual. — François Ier, duc de Bretagne. — Jean V, 2 pièces frappées à Nantes. — 2 pièces de Charles-le-Simple. — 1 pièce de Jean II. — François II, duc de Bretagne. — Triomphe d'Agrippine : Contrefaçon.

A LA BIBLIOTHÈQUE DE NANTES.

776 Vingt-six petites pièces, la plupart en argent, quelques-unes romaines, d'autres gallo-romaines et deux gauloises, un sceau de Bretagne. Ces médailles très-petites ne pourraient être déterminées certainement.

M. FARAULT, *d'Ancenis.*

Médailles Romaines.

777. Consulaire de Silanus, argent. — *Id.*, revers : Castor et Pollux, argent. — *Id.*, un Quadrige. — Pompée à deux têtes; revers, une proue de vaisseau. — 2 Auguste ; revers, *Roma* et *Augustus*, M. B. — Auguste restitué; revers, l'aigle impériale, P. B. — 2 Auguste et Agrippa, deux têtes ; revers, un crocodile, colonies de .....M. B. — Agrippa ; revers, Neptune et son trident. — Tibère; revers, la Cérès, argent. — 2 Tibère ; revers, *Roma* et *Augustus*, M. B. — Tibère, même revers, P. B. — Antonia, mère de Germanicus ; revers, une prêtresse, M. B. — Germanicus ; revers, la légende de Caligula, M. B. — Caligula ; revers, figure assise, M. B. — Claude ; revers, légende dans une couronne : médaille votive. — Claude ; revers, la Cérès, M. B. — Claude ; revers, un guerrier, M. B. — Claude ; revers, la liberté, M. B. — Néron ; magnifique médaille ; revers, un beau monument, C. B. — *Id.* ; revers, la Victoire, M. B. — *Id.* ; revers, la Renommée et le globe terrestre, *Id.* — *Id.* ; revers, l'empereur jouant du luth. — Galba ; revers, Rome debout, *Id.* — Vespasien ; revers, la loi publique, *Id.* — *Id.* ; revers, l'autel de la Providence, *Id.* — Domitien ; revers, soldat romain, *Id.* — Trajan ; revers, la Renommée et le globe, *Id.* — H. Adrien ; revers, une galère, *Id.* — Antonin ; revers, l'empereur sur son trône, G. B. — Antonin assis; tenant une statue des dieux Lares, fruste.

G. B. — Faustine la mère, femme d'Antonin, G. B. — Marc-Aurèle; revers, deux personnages se donnant la main, G. B. — Faustine, la jeune femme de Marc-Aurèle, M. B. — Lucile, femme de Verus, G. B. — Commode, G. B. — Geta; revers, sanglier blessé. — Alexandre-Sévère ou le Pieux, G. B. — Mamée, mère d'Alexandre-Sévère, G. B. — Maximien, P. B. — Gordien III. — Valérien. — Gallien, trouvé à Pannecé, (Loire-Inférieure). — Salonine, mère de Salonin, P. B. — Salonin, fils de Gallien, trouvé à Pannecé, arg. — Postume, revers, un guerrier la lance en arrêt, argent. — *Id.;* galère romaine. — 2 Victorins, beau vert antique, P. B. — Marius, empereur, qui a régné trois jours; revers, deux mains jointes, P. B., trouvé à Pannecé. — Quintilius, règne 17 jours, P. B.; revers *Pax Augusti.* — Aurélien; revers, *concordia militum* P. B. — Tetricus; revers, un guerriier, P. B. — Probus, argent. — Carus, M. B., rare; revers, effacé. d'Egypte. — Carin, M. B.; revers, figure debout avec un caducée. — Dioclétien, M. B.; revers, *genio populo roman.* — 2 Maximiens (fleur de coin), même revers, M. B. — Maximien; argent de billon. — Maxence; revers, l'empereur sur son trône, M. B. — *Id.;* revers, plusieurs personnages, *Id.* — Licinius, beau-père de Constantin, P. B. — Constantin-le-Grand; revers, une église des premiers Chrétiens, P. B. — *Id.;* revers, Romulus et Remus et la louve, P. B. — *Id.;* revers, un guerrier entraîne un enfant, P. B. — Chrispus, fils de Constantin; revers, couronne, P. B. — Constant, fils de Constantin; revers, l'empereur dans une barque, P. B. — Constance II; revers singulier, percé d'un trou, P. B. — Maxence; revers, guerrier à cheval, P. B. — Décence; revers, deux anges, P. B. — Valence; revers, femme, *securitas reipublicæ*, P. B. — Gratien; revers, une femme assise, P. B.

Médailles Gauloises.

778. Or, argent ou potin : trois.

Médailles Françaises.

779. Deux Charlemagne, argent, *Carolus rex Fr.*; revers, monogramme de Charles. — Herbert, comte du Maine, 2e race, argent ; revers, un monogramme. — 2 Philippe III (le Hardi) ; argent, frappés à Tours. — Charles IV (le Bel), or, le roi en pied, l'épée à la main. — Charles V : un dauphin et une hermine, argent. — Henri VI, roi de France et d'Angleterre : les deux écussons, argent. — 2 Charles VII, trois fleurs de lys, deux écussons, argent. — Louis XI, cuivre. — 2 Louis XII, argent. — François Ier, effigie, argent. — 2 Henri II, effigie, argent. — Charles IX, sans effigie, or. — *Id.*, effigie, argent. — 2 Henri III, argent. — Charles X, cardinal de Bourbon ; sans effigie, poinçonnée d'une fleur de lys, argent. — Henri IV, sans effigie, argent. — 2 Louis XIII, à effigie, argent. — 2 Louis XIV, effigie, grand et petit, argent. — Louis XV, argent. — *Id.*, bronze, médailles. — Anne d'Autriche, mère de Louis XIV ; cuivre. — Louis XVI, argent. — Louis XVIII et Henri IV.

Médailles Bretonnes.

780. Jean IV, petit module, argent. — 2 Jean V, grand module, argent. — Monnaie, argent de billon, frappée à Rennes. — Anne de Bretagne, cuivre. — Jacques Charrette, sénéchal et maire de Nantes, 1668, cuivre.

M. TRANSON.

781. Serment du jeu de paume : bas-relief parfaitement exécuté, cliché en cuivre, par Andrieux. — Un beau cliché de Marie-Auguste, reine de France, femme d'Henri IV.

M. BOSSET.

782. Un bas-relief représentant l'Amour endormi. — Médaille fort belle d'Agrippine, G. B.; revers, son triomphe.

M. RATHOUIS.

783. Médaillon de Henri IV et la reine Marie.

M. MALARD.

783 *bis*. Trois médailles en argent, relatives à la ville de Hambourg.

M. JALABER.

684. Une monnaie française avec trois fleurs de lys et trois couronnes alternées.

M. DE BERHOU.

785. Les trois sceaux de la communauté des Couëts, et un duc de Bretagne.

M. LELIÈVRE.

786. Un Charles V, or, et trois très-petites médailles en or.

M. MALHERBE.

787. Une belle médaille représentant Conon, et pour légende ΔΑχεδαι Εττω μεννοος Κονανος, les Lacédemoniens vaincus par Conon.

M. OLIVIER.

788. Un Ptolomée. — Constantin. — Jean IV, duc de Bretagne. — Antonin-le-Pieux.

M. NAU.

788 *bis*. Triptyque en cuivre, extrêmement curieux, appartenant à l'art du IXe ou Xe siècle.

M. PLESSIS.

788 *ter*. Un cliché allégorique, peut-être relatif au cardinal de Richelieu.

ARMES, HABILLEMENS

ET OBJETS ACCESSOIRES, DE L'INDUSTRIE RUSSE, TARTARIE, CRIMÉE, ALBANIE ET TURQUIE,

RAPPORTÉS PAR M. DE SAINT-CERAN.

789. Un encrier d'industrie persanne.

790. Tuyau de pipe albanaise, à marqueterie de nacre.

791. Pulvérine circassienne (tcherchesse), d'un riche travail.

792. Pulvérine albanaise en corne, garnie d'ivoire.

793. Ceinturons circassiens à garniture d'argent.

794. Carabine albanaise, incrustée de cuivre jaune, mais d'un travail très-recherché, et damasquinée argent (arme de chef).

795. Bridon, martingale et croupière circassienne, à garniture en argent damasquiné. Le tout en peau de porc chamoisé.

796. Deux étriers circassiens, plaqués en argent.

797. Une rapière du XVe siècle, à fourreau de chagrin et poignée simple d'acier, mais d'Orient.

798. Poignard persan, à manche d'ivoire, damasquiné en or d'un travail riche, mais simple.

799. Couteau-poignard, persan, même genre d'ornement que le précédent.

800. Un poignard avec couteau, à riche accessoire; arme de chef circassien.

801. Un poignard avec couteau, même travail que le précédent, mais arme commune.

802. Un sabre circassien damasquiné or et argent au manche.

803. Un fouet circassien avec un couteau-stilet dans le manche; riche objet.

804. Un fouet de la Crimée, à l'usage des indigènes : d'un travail analogue au précédent, mais commun.

805. Couteau-poignard, monté en argent et manche en calcédoine, avec un caillou (quartz hyalin).

806. Un couteau-poignard, garniture en argent fin et doré avec le chiffre du sultan Mamouth : arme très-riche et à poignée d'argent doré; ouvrage rare, même en Egypte.

807. Pincette pour pipe et café (macha): curieuse industrie turque.

808. Sabre d'officier de l'armée du pacha d'Egypte.

809. Tromblon à canon turque, damasquiné; garnitures d'argent.

810. Une paire de pistolets de fabrique albanaise; garniture en argent d'une richesse d'ornement toute particulière : produit d'industrie perdue même dans l'Albanie.

811. Poignard des Bédouins de l'Edja (Arabie Heureuse), avec pince pour arracher les poils: on le porte attaché au bras.

812. Fer de javelot de la haute Nubie.

813. Grands ciseaux turcs d'un travail extraordinairement remarquable : bronzés et damasquinés.

814. Sorte de cric, venant de Moscou (ou Moskow).

815. Un cadenas à vis, d'industrie russe, de Moscou.

816. Deux paires de tige de bottes de Tarjok (Russie).

817. Dessus de paire de pantoufle de Tarjok.

818. Pantoufles de mariée russe.

819. Chaussons russes, deux paires: curieux produit d'industrie locale.

820. Ceinture tartare: chose d'industrie rare, même dans le pays.

821. Trois bonnets d'hommes, de fabrique tartare.

822. Brodequins de femmes russes.

823. Deux paires de pantoufles russes.

824. Deux paires de brodequins russes.

825. Une paire de pantoufles circassiennes.

826. Quatre paires de chaussure de dames turques.

827. Chaussure d'Arméniennes, rouge : couleur affectée aux Arméniens de Constantinople.

828. Deux paires de chaussons et deux paires de souliers turcs, en maroquin jaune (couleur privilégiée pour les Turcs, le bleu pour les Juifs).

829. Deux chaussons égyptiens : un jaune et un rouge, pour homme.

830. Quatre serviettes turques brodées en or, ou *peschkir* : ancien dessin, même recherché en Turquie.

831. Mouchoir carré : voile de femme de chef de janissaire c'est un travail précieux et recherché.

832. *Tchêvrê* ou mouchoir que les femmes placent sur leurs cheveux.

833. Une grande bourse à tabac à fumer, en cachemire de Constantinople.

834. Deux bourses en mérinos croisé, de Smyrne, où on les fabrique.

835. *Coufie* ou petit turban, fabrique d'Alep : coton et or, riche étoffe.

836. *Coufie* tout en soie, avec cordons terminés par des glands en soie, le tout pour chasser les mouches.

837. Jarretières espagnoles : pour le peuple seul.

838. Quatre grandes ceintures venant de Russie, et deux petites : or, argent et soie.

839. Ceinture circassienne, argent, à bordure d'or : objet riche.

840. Douze cuillers en vermeil, de fabrique de Toula (Russie).

841. Calotte d'argent, que portent dans quelques circonstances les femmes riches de Constantinople : elle porte, enchassés, de la cornaline et du corail.

842. *Zarf*, ou supports des tasses turques, dont cinq émaillés, un ciselé monté, en corail pour ornement, et un dernier en argent doré, émaillé de bleu avec bouquet de rose: objet d'une ancienne industrie devenue une rareté.

843. *Zarf*, d'industrie circassienne, en argent et damasquiné en or.

844. Trois cordons, or; et bourse de soie (filoselle) à l'usage des Turcs.

845. Trois chapelets turcs : un en coco, un en bois d'aloës, et l'autre en carnéole.

846. Cinq colliers turcs, à pâte à la rose, dont un à fausses perles et à grains dorés.

847. Trois chaînes, dont deux en pâte à la rose, et une en pâte de rose et fausses perles : industrie turque.

848. Cinq bourses en pâte de rose, dont deux dorées, *id.*

849. Deux paires de bracelets : pâte de rose, *id.*

850. Deux bourses en argent : toujours industrie turque.

851. Treize grandes tablettes de pâte à la rose, dont six dorées avec des dessins de monuments locaux.

852. Soixante-six vraies pastilles du sérail.

853. Deux cuillers, d'industrie turque ancienne ; l'une a le manche d'ambre jaune et corail : objets d'une forme curieuse

854. Bois d'aloës, brûlé pour parfum et précieux.

855. Un passe-galon pour caleçons d'hommes, venant de la Mecque et apporté du mont Sinaï.

856. Magnésie plastique ou écume de mer provenant de l'Asie-Mineur, substance recherchée pour faire les pipes et ici d'une grosseur remarquable.

857. Araba-Lulé (charriot-pipe) ou culot de pipe en écume de mer et à roue.

858. Six flacons essence de rose, plus deux grands flacons essence de jasmin et santal.

859. Une montre turque.

860. 1° Un bracelet circassien. 2° Deux étuis. 3° Deux dés. 4° Trois bagues. 5° quatre agraffes. 6° Un bouton.

861. Petit vase émaillé, renfermant du *surmeh :* poudre noire pour teindre les cils des dames turques.

862. Felspath Adulaire, ou pierre de lune : Sibérie.

863. Six médailles apportées de Grèce.

864. Cartouchière ou plutôt pulvérine des Bédouins du mont Sinaï, dont chacun a cinq à six à sa ceinture.

SUPPLÉMENT.

Sculpture et Mosaïque.

M. FRANÇOIS.

865. Tête de christ en terre cuite.

M. OGERAU.

866. Deux chevaux bronze.

M. BACQUA.

867. Deux vases de granit gris, de Suède (dit porphyre).

M. LELIÈVRE.

868. Deux singes musiciens, en cuivre doré.

M. BEGAUD-SOYER.

869. Un chevalier du moyen-âge, coulé en fonte, terminé au burin avec ornement de cuivre : curieux d'exécution.

M. LELIÈVRE.

870. Un christ en ivoire, avec cadre doré.

M. LANDEAU.

871. Une statue de Schiwa, assis, divinité de l'Inde, en véritable albâtre blanc, de 50 centimètres : d'un beau travail

M. SOUET.

872. Une petite coupe, ornée de fleurs au dehors, en talc-stéatite rouge marbré.

Bas-Reliefs.

M. OGERAU.

873. Deux vases d'alabastrite sculpté.

M. LELIÈVRE.

877. Bas-relief, représentant une Nymphe, un Amour et un vieux Faune, ce dernier sortant d'entre le feuillage marbre de Clodion.

M. SOUET.

878. Une tête en tôle, repoussée au marteau à la retreinte.

M. RÉAU, *notaire à Ancenis.*

879. Deux tableaux sculptés, représentant un bouquet de lilas, et un nid dans une aubépine, par Parent, 1790, élève de l'école de Rome : morceau d'un intérêt tout spécial.

M. PITRE LEROUX.

880. Un encadrement sculpté pour glace, du château de Goulaine : de la Renaissance.

M. DE SAINT-CERAN.

881. Deux mosaïques de Florence, représentant des vases.

Statuettes et Figurines.

M. PLESSIS.

882. Deux statuettes en marbre, représentant Vénus à la sortie du bain.

M. BACQUA.

883. Un Antinoüs : petite statuette en bronze.

884. Petite statuette : style égyptien, bronze.

885. Un Voltaire : bronze de 30 centimètres.

886. Un J.-B. Rousseau, analogue.

M. BOSSET.

887. Figurine en bronze ou antique ou du Moyen-Age, passé

à l'état de cuivre carbonaté vert, représentant ou un solitaire assis ou un Pythagore.

M. NAU.

888. Une tête antique de statuette à teinte rouge, trouvée dans des fouilles faites au pied du temple de Pestum, d'un style remarquable pour sa haute antiquité.

M. MONTLUC.

889. Un jeu d'échecs chinois, d'un travail précieux.

M. PREVEL, *pharmacien.*

890. Une figurine égyptienne en lapis-lazuli.

Coffrets.

M. BEDERT.

891. Un coffret en lacque rouge.
892. Un coffret en lacque noir de Chine.

M. RATHOUIS.

893. Petite boite carrée en lacque.

M. THOMAS FILS.

894. Un coffret, d'une industrie spéciale, ou mosaïque sableuse, avec incrustation de nacres : ouvrage du XVIe siècle, ayant appartenu à une famille seigneuriale.

M. GANACHEAU.

895. Deux tables longues, à pieds tournés : noyer peint en acajou.

M. BEDERT.

895 *bis.* Dessus de table en lacque.

Glaces.

M. LELIÈVRE.

896. Belle glace gothique, façon de Venise.

M. BÉGAUD-SOYER.

897. Un miroir chinois, avec son support.

Paravents.

M. TRANSON.

898. Paravent, lacque de Chine.

M. DABBÉHET.

899. Paravent chinois, peint sur verre, et glace avec encadrement sculpté : meuble gracieux.

Objets Variés.

M. SOUET.

900. Une boite à thé, de fabrique suisse, en talc-serpentine, dit vulgairement pierre ollaire.

Tableaux.

M. BOSSET.

901. Vierge et enfant Jésus, par Raphaël
902. Portrait du duc de Guise, Holbein.
903. Portrait d'homme, sur bois.
904. Portrait de Paul Véronèse, par lui-même.
905. Portrait d'homme.
906. Tête de jeune homme.
907. Magdeleine.
908. Christ sur le calvaire.
909. Portrait de Marie Stuart.

M. DE BERTHOU DE LA GALISSONNIERE.

910. Le Christ et les Saintes Femmes, sur cuivre.

M. DE BRÉA.

911 Triomphe de Galathé, Raphaël.

M. CAILLIAUD AINÉ.

912. Sainte Famille, par Carafollo.
913. Tête de Brutus, dessin fait en 1770, à Nantes, par David.
914. Un Saint-François, sur cuivre : école espagnole
915. Tête de Saint-Jean, Velasquez.
916. Portrait de Marie-Victoire de la Trimouille.
917. Portrait de la reine Marie Lezinska, femme de Louis XVI.
918. Etudes, Lebrun.

M. A. CHÉROT.

919. Esquisse, Lantara.

M. DESVAUX.

920. Une famille de ramoneur, école flamande : ouvrage grotesque du XVIe siècle, d'un peintre inconnu.

M. FARAULT.

921. Portrait de Gabrielle d'Estrées, fragment d'un grand tableau.
922. Peinture sur cuivre.
923. Sainte Famille, peinture sur cuivre.
924. La Nativité, sur cuivre, Franck-Flore.
925. Ecce Homo, attribué à Jules Romain.
926. Statue de Henri IV sur le Pont-Neuf, avant 1789.
927. Portrait de Richelieu.
928. Sommeil de l'enfant Jésus, Corrège.

M. FAVREAU.

929. Tête d'étude, école de David.
930. *Idem.*

M. LELIEVRE.

931. Une fête flamande (Van-Stade).
932. Tableau gothique, peint sur deux faces.

M. NAU.

933. Tableau gothique.
934. Portrait d'Henri IV.
935. Adoration des Bergers, par Jean Dach.

M. PELLOUTIER.

936. Bataille du Bourguignon.
937. Portrait de Mme Rolland.

M. PLESSIS.

938. Lever de Venus, dessin de Lagrenée, 1778.
939. Une vue de Suisse, dessin de L.-F. Cassas, 1779.
940. Repas chez Lévi, copie d'après Paul Véronèse.
941. Tableau sur cuivre.
942. *Idem.*
943. Place Saint-Marc, à Venise (Barbier).

944. Vue des îles Boromées (Cassas).

945. Copie des tableaux de la galerie Farnèse à Rome.

M. TRANSON.

946. Tableau sur cuivre, de Kaller.

947. Christ, peinture sur verre.

948. Résurrection, peinture sur verre.

949. Deux gravures de Staubrucken.

950. Petit tableau sur métal.

M. VARSAVAUX.

951. Paysage de Broud.

952. *Idem.*

F. VERGER.

953. Peintures chinoises sur papier de riz.

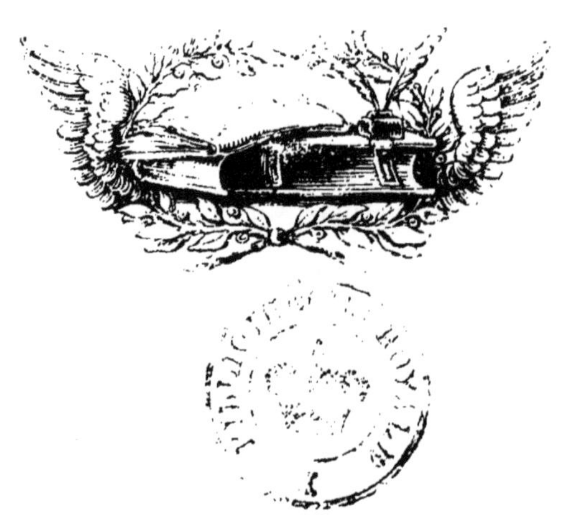

TABLE.

www.ingramcontent.com/pod-product-compliance
Ingram Content Group UK Ltd.
Pitfield, Milton Keynes, MK11 3LW, UK
UKHW020345180726
13839UKWH00002B/932